サンタさん営業
ドロボー営業

お客様に
好かれて
成績が
上がり続ける
成功メソッド

新装
改訂版

サンタ営業メソッド開発者
佐藤 康行

まえがき　真実の営業が本書《ここ》にある

昨今、一般企業では、年功序列が崩れ「成果主義」といわれている。しかし、営業マンにとっては、元来から〝成果〟をあげなければ意味はない。〝成果〟をあげてこその営業である。だが、ただ商品やサービスを売ればいいというものでもない。また、ただ売ろうとしても、売れないという現実にも直面する。同じ商品やサービスの営業でも、他の人は実績をガンガン上げ、自分だけはまったくダメという場合、概して営業手法に問題があるのだ。

この本は、〝サンタさん営業〟に変身する、いわば〝営業マンの心の自分革命〟の本である。「真の営業入門書」であるが、ただし営業のテクニックやノウハウを提供するものではないことをはじめに断っておこう。

従来の営業手法からサンタさん営業に変えた人からは、続々と喜びの声が寄せられている。

「以前は、型にはまった営業で、契約になかなか結びつかなかった。ところが、〝サンタさん営業〟に変えて、お客様のことを心から好きになり、手紙を出すようにしたところ状況がまったく変わった。お客様の方から『あなたの契約者になりたい』と言われるようになり、協力者も現れて次々と紹介してもらえるようになった。今は楽しくて、自然体で営業ができるようになっている」（30代、外資系保険会社勤務）

「営業不振の支店に赴任を命じられ、赴任後にリーダーとして〝サンタさん営業〟を実践した。すると、信じられないことに、チームで社内トップの月間売上を達成できた」（30代、能力開発系企業勤務）

「サンタさん営業を実践したら、どんどん実績が伸びた。気がついたら小売実績で前年の6倍にもなっていた。以前は、お客様を追いかけていたが、今はお客様の方から来るようになり、紹介も増えている」（30代、販売企業勤務）

景気の不透明感が叫ばれているなか、一部の大手企業の収益は伸びているものの、全体としてはやはり厳しい状態が続いている。人件費削減のため、正社員の数を減らし派遣社員を増やす傾向も続き、さらには派遣社員までも減らされてしまう状況もある。しかし、真の営業さえできれば、決して失業することはない。失業どころか、厳しい時代になればなるほど、実力のある営業マンをどこの企業も欲しがる。だからこそ、営業力さえ磨けば、いつの時代でも、自分を高く売れるチャンスに結びつくのだ。

もし、あなたが現在、イヤイヤ営業をやっているのなら、一刻も早く営業の楽しさを知り、サンタさん営業マンに変身していただきたい。そして、日に日に能力を高めていってほしい。

とにかく私の言う通りにやれば間違いない！　是非、あなたも今日から実践してみよう！

「サンタさん営業　ドロボー営業」目次

PART I サンタさん営業マインド編

第1章 あなたは「ドロボー営業マン」になっていないか？——29

第2章 小手先だけのテクニックはすぐに見破られる——53

第5章　本音の営業で売り上げアップ！

PART Ⅱ

サンタさん営業アクション編
驚く結果がすぐにでる究極の営業法!
〈サンタさん営業マンになるためのステップアップ・プラクティス〉

stage Ⅰ

stage Ⅱ

サンタさんの袋の中身
お客様の役に立つプレゼンテーション術

stage Ⅲ

装丁デザイン／中井正裕
本文ＤＴＰ／スペースワイ

プロローグ

これからは サンタさん営業の時代だ！

サンタさん営業・ドロボー営業

●欲望のモチベーションが生みだした歪み

高度成長期からバブル期へ。20世紀は、人類の欲望を満たすために経済活動が発達した時代である。大量生産、大量供給。〝一億総中産階級〟といわれ、金銭欲、物欲などが先行し、環境破壊や家族の崩壊などの諸問題も噴出した。

このような〝欲望のモチベーション〟を原理として仕事をすると、弱肉強食の単なる奪い合いの世界になってしまう。奪うものがいる一方で、奪われるものが必ず生じる。現在、すさまじい勢いで増えている自殺やうつ病、社会不安障害、ニートなどは、欲望のモチベーションから起きた悲劇であるといえるのだ。

「売れればいい」という発想は、同時にそのためには「何をしてもいい」という利益追求主義にもつながる。

企業は、売れる売れないに関わりなく、大量生産していった。使い捨てが美徳とされ、大きいことが良いことだと賛美された。

「欲張り」という言葉があるが、必要ないものまで欲しがるように仕向けられてきた。その「欲張り」の精神によって、心に支障をきたす者が増えたのである。

こうした発想は、企業のみにとどまらず、一般にも広がった。「もったいない」「お天道様がみているから必ずバチが当たる」という世間の倫理観は崩れ、他人に迷惑をかけても何とも思わない、自分さえ幸せならば良いという考え方が蔓延していった。こうした考えによる歪みが21世紀の現在において、ところどころに現れてきている。

20世紀は、「どうしても、あれを手に入れたい」「いかなることをしても、上に立ちたい」という利益追求主義の教条に則って世界が流れてきた。それはまさに欲望のモチベーションによってなされた歴史であった。

●このモチベーションが繁栄の秘訣

では、本来人が歩むべき道とは、どのようなものだろう。

それは人に喜びを与えることだ。とはいっても、現実はどうだろうか。世の中は、自分さえ良ければいいという考えで溢れている。

では、視点を変えて考えてみよう。

自分だけを愛すれば、自分さえ良ければいいという利己的な考え方になってしまう。家族だけを愛するのであれば、隣人との間に諍《いさか》いが起こるだろう。自分の会社だけを愛するのであれば、競合他社を蹴落とそうとするだろう。自分の国だけを愛するのであれば、他の国との間にさまざまな摩擦が生じる。事実、愛国心がもとで戦争が何度も勃発しているのだから。

では、人類を愛するのであれば、どうなるだろう。それは、そのまま地球を愛し、全宇宙を愛することにつながる。こう考えれば、自分は地球や人類とひとつでつながっているため、他人を傷つけたり、害を与えたりすることは、巡りめぐって自分にはね返ってくることがわかるはずだ。企業にしても自社の利益のために環境破壊もやってのけるのなら、その行為の代償は必ず自分の身に降りかかってくる。逆に人類に貢献する仕事であれば、世界は喜びで充満するだろう。

使い古されてはいるが、「世のため人のため」という言葉がある。その言葉通り、他人を喜ばせたい、世の中の人のために役立ちたいという気持ちは、私たち人間が持っている本能そのものなのである。

人に喜びを与えたい、人の役に立ちたいという本能を〝喜びのモチベーション〟と呼ぶことができる。

欲望のモチベーションの時代は終わった。21世紀は、破壊された環境や社会を修復する上でも、喜びのモチベーションが欠かせない。それが、厳しいといわれる社会生活を大きく変える秘訣でもあるのだ。

●疲れ知らずのモチベーション

〝欲望のモチベーション〟の原動力は奪うことである。バブルの頃を思い出してほしい。自分の欲得に基づく欲望のモチベーションだけでうまくいき、どんな物でも高く売れ、収入はうなぎ上りだっただろう。それらは一見成功したかに見えたが、実体は不良品や押し売り的なセールスであり、消費者センターには連日大量の苦情が押し寄せ、中には裁判沙汰になったケースもあった。その代償として、会社が倒産したり、賠償請求されたり、はたまた経営者や営業マンが投獄されたり、けっして、成功とは呼べない結果となったのだ。それはすべて営業マンが、自分の収入や出世のことだけを考えた、お客様不在の欲望のモチベーションから起きた出来事である。

これからの時代に営業マンに求められることは、〝喜びのモチベーション〟である。営業マンにおける喜びのモチベーションとは、営業マン自身も喜びの中で仕事させていただき、会社も喜んでお客様に奉仕させていただき、そしてお客様も喜ぶ。そしてこの喜びとは、売れているときも喜び、たとえ売れなかったときでも、仕事の中に大きな気付きや発見を見いだすことで、自分の成長に気付く喜びでもあるといえるだろう。

喜びの心を持ってお客様に会いに行くことができれば、もうその時点で結果は決まっている。

また、欲望のモチベーションと喜びのモチベーションでは、モチベーションの質がまったく違う。欲望のモチベーションでは、目的を達成するまではまったく喜べない。それゆえ、なかなか達成できないと、疲労がたまってしまい、自分が押し潰されてしまうことになる。さらに、その欲望の強さから周りから疎《うと》まれ、尊敬もされないばかりか反感を買うような人物になる。

しかし、喜びのモチベーションの場合、仕事自体に喜びを感じているので、いつも疲れることもない。

●喜びこそ営業の醍醐味

「喜びのモチベーション」と「欲望のモチベーション」の違いがわかりにくい、と思われた方は、自分が舞台俳優になったことを想像してほしい。

もし、あなたが舞台の最中に「1ステージやったらいくらギャラをもらえる」とか、「大入りだったらボーナスがもらえる」とか、そんなことばかりを考えていたとしたら、どうだろう。それでは演技に集中できず、役者としても失格だ。

真の舞台俳優だったら、今日来場されている観客に、いかに喜んでもらうか、いかに感激してもらうか、いかに楽しい思いをしてもらうか、その一点に思いを込めて舞台に上がっていることだろう。こうした舞台の上での「仕事」の評価が、舞台俳優としての明日につながっていくのだ。

自分の芝居を見た観客が、「この芝居が面白い」あるいは「すばらしい演技」と感じてくれたら、もう一度来てくださるかもしれない。もしかすると友人を誘ったり、紹介してくださったりするかもしれない。ロングランになったり、有力なプロデューサーの目に留《と》まることもあるだろう。

営業マンもまったく同じことがいえる。お客様のところへ行って仕事をしている時は、「このお客様が買ったら、いくらコミッションがもらえる」などと「欲望のモチベーション」で動いていては、お客様は心を動かされないし、契約などしてくれない。逆に、お客様の役に立ったり、喜ばせたりすることに専心している「喜びのモチベーション」で動いている営業マンは、セールストークがうまくなくても、その情熱によってお客様に感動を与え、契約の動機付けとなっていることだろう。このように、「喜びのモチベーション」による「自己成長の目標」を立てた営業マンと、「欲望のモチベーション」によって「欲の目標」を立てた営業マンとはまったく相反する。「喜びのモチベーション」による営業こそ、営業という仕事の真の姿といえるのだ。

●サンタさん営業とドロボー営業

現在、ほとんどの営業マンは、お客様からお金とノルマの数字を奪い取ろうという発想で営業をしている。そんな発想で営業をしている限り、お客様には嫌われるし、自分にも自信が持てない。だから、仕事も楽しくならない。

このように、自分の「欲」だけで目標を立て、奪う発想スタイルの営業を「ドロボー営業」と呼ぶことができるだろう。

実際に、大多数の人が「欲の目標」を立てて仕事に取り組んでいるため、どうしても「ドロボー営業」から脱却できないことが多い。

一方、お客様にいかにお役に立ち、喜んでいただくか、そして、そのことによって、自分もいかに成長していくか、という発想スタイルの営業を「サンタさん営業」と呼ぶ。サンタさん営業を貫き、商品を喜んでいただけたら、リピーターも自然に増えるし、反復性のない商品だとしても、近所の人や知り合いに自分の売っている商品を紹介してくださるかもしれないのだ。

お客様のところへ訪問するときに、お客様から何かを奪おうとしていくのか、お客様に何かを与えようとしていくのかによって、行動力がまったく変わり、お客様の態度も変わる。「ドロボー」も「サンタ」も、どちらも大きなフクロを持っているが、目的は正反対だということを忘れてはいけない。しかし、このことを単に頭で理解しても、結局は、「サンタ」の仮面をかぶった「ドロボー」になってしまう。だから、「ドロボー営業」はきっぱりやめて、「サンタさん営業」でいくと完全に腹を決めなければならない。

これから変革の時代に突入し、価値観がどんどん変わっていく。消費者のニーズが多様化する中で、お客様が求めているのは、「サンタさん営業」である。自分に合った商品をきちんと提供してくれるだけでなく、幸せや満足感を与えてくれる営業マンをお客様は望んでいるのだ。

●サンタさん営業こそお客様が待ち望んでいる営業マンの姿だ

あなたは「ドロボー営業マン」になりたいのだろうか？　それとも「サンタさん営業マン」になりたいのだろうか？

現在、なかなかモノが売れないこともあって、営業マンを取り巻く状況はますます厳しくなってきている。自らの実績を上げようと利益を得るためだけに、小細工をし続ければ、「ドロボー営業マン」になってしまう。粗悪品や欠陥品でも、口先で売りつけて、代金だけを持って逃げる。その時点で、お客様は被害者になるのだ。

ものが溢《あふ》れる中で、お客様が求めているのは、自分自身に合った商品やサービスを提示し、満足感を与えてくれる営業マンである。たとえ、その時点で購入しなくても、お客様はその営業マンのことを忘れない。なぜならば、営業マンと出会えたことを喜んでくださっているからだ。何か機会があれば、そのことを思い出し、人にも話すこともあるだろう。

まさに求められるのが「喜びのモチベーション」を持つサンタさん営業マンである。

これからは、こうした営業マンが活躍する時代といえるのだ。

何しろ、世の中は、詐欺まがいの営業が横行している。買ったものが予想に反して粗悪品だったり、代金を振り込んだのに商品が届かなかったり……。お客様は、そんな事件を知るたびに、営業マンに対して疑いの目を強くするのだ。「信頼できる営業マンに会いたい！」とのお客様の要望に応えられるのが、サンタさん営業マンである。

お客様に喜びを振りまいていく営業。

自分が喜び、会社が喜び、お客様に喜びの種をまいていく。

それは年月と共に大きく実り、大きく発展していくのだ。

営業は自己を成長させる意味で大変素晴らしい仕事といえる。

毎日、毎日、喜び一杯に生きて、機嫌よく、楽しく、さわやかに。そして営業に誇りを持って、最高の営業マンを目指していただけたらと思う。

サンタさん営業とドロボー営業

「サンタさん営業」	「ドロボー営業」
お客様に合った商品やサービスを提示し、満足感を与えてくれる ↓ **これからの営業スタイル**	お客様からお金とノルマの数字を奪い取ろうという発想 ↓ **これまでの営業スタイル**
⬇	⬇
人を喜ばせたい、人の役に立ちたい **「自己成長の目標」**	自分の収入を多くしたい、出世したい **「欲の目標」**
⬇	⬇
「喜びのモチベーション」	**「欲望のモチベーション」**
⬇	⬇
与えるセールス **「サンタさん営業」** 営業マンの真の姿	奪うセールス **「ドロボー営業」** 営業マンの間違った姿
⬇	⬇
お客様にリピーターになっていただけるし、知り合いに商品を紹介してくれる	お客様には嫌われるし、自分にも自信が持てない。仕事も楽しくならない

PART Ⅰ サンタさん営業マインド編

第1章 あなたは「ドロボー営業マン」になっていないか？

サンタさん営業・ドロボー営業

1 何のために営業をするのか

私たちが毎日働くのはお金を稼ぐためである。営業に励《はげ》むのは、お金を少しでも多く稼ぎたいからというのは、当然の理由といえる。

では、なぜ私たちはお金をこんなにも追い求めているのだろうか？

それは、お金がないと生活が不自由になるからである。快適な家に住むことができないし、三度の食事をとることさえできない。着たいものも着られないし、ほしいものも買えない。やりたいこともできないし、行きたいところに行くこともできないからである。つまり、私たちがお金を追い求めているのは、自由を手に入れたいからなのだ。

それでは、なぜ私たちは自由を強く求めているのだろうか？

それは、自分が生きている間に本当にやりたいことに取り組み、心の平安を感じたりするなど、喜びに満ちた時間を過ごしたいからだ。そして、家族に安心して生活してもらいたい、妻や子供たちの喜ぶ顔を見たいからなのだ。言わば、それらは自分自身や自分の家族への愛情から発している。自分や家族がある程度満たされるようになると、今度は自分の友人や、周りにいる多くの人たちのために少しでも役に立てればと思うようになる。自分たちだけでなく、多くの人たちと喜びを分かち合いたいと思うのである。要するに、自由を得ようとするのは、人に喜びを与えることによって、より大きな喜びを得たいからなのだ。それは、そのまま、何のために営業するのかという理由に結びつく。すなわち、自分が、毎日一生懸命仕事に励んでいるのは、自分自身の喜びをどんどん溢れさせたいからなのだ。

そのように考えると、営業ほど直接自分の喜びを人に届けることができ、お客様と最も大きな感動と喜びを分かち合える仕事はほかにないといえる。

言い換えれば、仕事というのは、お客様と自分たちの喜びが形となって表れたものだということなのだ。

2 どんな仕事も人を感動させるのが最大の目的だ

よく、自分は営業が向いていないという人がいる。果たしてそうなのだろうか。

仕事には、大きく分けると、モノを相手にする仕事と人を相手にする仕事がある。

モノを相手にする仕事とは、商品を開発したり、製造したり、修理したり、または、経理などの数字を扱ったりする仕事である。

モノを相手にする仕事の場合は、モノが自分勝手なわがままを言ったりはしないので、自分の思ったように仕事を進めることができる。丹念にやれば精巧なモノができるし、途中で投げ出したら、半端なモノしかできない。自分の取り組む姿勢がそのまま一〇〇パーセント反映されるのである。

一方、人を相手にする場合は、それぞれの人の感情が入るため複雑になる。自分の感情がストレートに反映しにくいともいえる。

それゆえに、こちらの伝えたいことがそのまま真っすぐに伝わるとは限らない。そこが人を相手にする営業という仕事の難しいところなのだ。

しかし、深いところで捉えると、モノを相手にする仕事も人を相手にする仕事も、どちらも営業マンであるといえるだろう。

要するに、直接的に人を相手にするか、間接的に人を相手にするか、だけの違いである。いずれにしても、人の心を動かすという点では、共通している。

技術者はモノを通し、コックは料理を通し、画家は絵を通し、経理マンは数字を通して、人の心を動かしているのだ。

では、どうして、人は仕事に向き不向きを感じるのだろうか。それは、目先の損得で判断しているからだ。たとえば、給料がいいとか、世間体がいいとか、ステータスが高いといった表面的なことに囚われすぎると、自分には何が向いているのかわからなくなる。人を喜ばせ感動させることが仕事の最大の目的なのだから、どんな仕事も営業と同じだといえるのだ。

3 営業は自分自身を成長させてくれる

営業ほど自分を人間的に成長させてくれる仕事はない。営業という仕事は、ドラマティックで、エキサイティングなものだ。

モノや作品自体には感情はないため、作る人の感情が直接反映される。愛情を込めれば込めるほど素晴らしいモノができあがる。

それに対して、営業は人を相手にする仕事であるが、人を相手にする仕事は、モノを相手にする仕事よりもかなり難しい。

なぜなら、自分だけでなく、相手にも考えや感情があるからだ。

こちらが準備万端で訪問しても、たまたまお客様の虫の居所が悪く、取り付く島もないことさえある。とにかく忙しくてゆっくり話など聞いている場合じゃないこともある。あるいは、家族の病気が心配で仕事が手につかないのかもしれない。こちらの心理状態も日によって違うように、相手の心理状態もその時々によってコロコロ変わる。

お客様は、基本的にわがままで気まぐれな存在なので、そんなお客様に満足してもらおうとしたら、少なくとも自分はわがままなど言ってはいられない。

わがままなお客様に満足してもらおうと思ったら、いつもその場その場で、真剣になって最善の方法を考えていくしかない。「こうすれば必ず喜ばれる」という便利な公式などはないのだ。

だから、自分自身が全身で全神経を集中させて、目の前のお客様がどうしたら喜んでくれるか、どうしたら満足して買ってくれるかを考えていく以外にはないのである。そこからひとつひとつ、成長に結びついていくともいえる。

自分のことは横に置いて、目の前にいる人のために尽くせることは、人間的に成長している人にしかできない。

それゆえに、営業ほど自分自身を成長させてくれる仕事はないのである。

4 自然体を貫けば一切迷いがなくなる

どんな仕事も究極には人を喜ばせることが目的である。どんな仕事も形を変えた営業マンと考えれば、営業に向かない人は存在しないといっていいだろう。

もし、「今の仕事は自分に向かないのではないか」という迷いが生じたら、一度周りの言葉や常識などをすべてシャットアウトしてみよう。

そして、本当の自分は何のためにこの世に生まれてきたのだろうかと、深く追究してみることが必要である。

現在何かに打ち込んでいることがあれば、それが天職である可能性が高い。無意識に熱中しているものは、それだけ自分に抵抗なくできるということだからだ。

もちろん、誰もが学生時代に望んでいた仕事に就《つ》けるとは限らない。社内の異動で変えられてしまうことさえある。

自分がやりたいと思っている仕事と、実際に取り組んでいる仕事は別に考えた方がいい。むしろ、自分がやりたいと思っている仕事というのは、別に根拠はなく、見栄やプライドといった自分の欲望が選んでいるにすぎないことが多いからだ。

ごく自然に取り組んでいることを振り返ってみると、結構その中に天職が潜んでいることが多い。

逆に、疲労やストレスが溜《た》まったり、迷いが増えたりするようであったら、その原因が自分にあるのか、周りの環境にあるのか、突き止めるべきだ。

本当に向いていたら、やればやるほど疲れないし、迷ったりすることがない。そして、お客様を喜ばせ、自分自身を成長させるようなら、何らかの成果が顕著に現れるはずだ。

無理なく、自然体を貫ける仕事であれば、ベストマッチングといえる。

5 自分の仕事における本当の目的を発見する

営業マンの最大の目的は、売り上げを多く上げることだと一般的に考えられ、それが営業マンにとっての成功とされている。確かに、人より多くの成果を上げることは、ある側面だけみれば成功といえよう。

しかし、本当にそれだけなのであろうか？　営業マンが一〇〇人いれば一〇〇人それぞれに目標があり、一〇〇人分の成功があると思う。

なぜなら、私たちが生まれてきた最大の目的は「自らの使命や役割を知って、それをまっとうすること」だからだ。

この世に生を受けたからには、いかなる人にも必ず使命や役割がある。

何のために生まれてきたのか、何をして死んでいくべきなのか、一人ひとりに与えられた課題が必ずあるのだ。

そのことを自覚し、そのことをまっとうすることこそが、その人にとっての最大の目標といえる。

中には、地位、財産、名誉を得ることだけに執着している人もいるだろう。しかし、それらのものは、時代や価値観、環境が変われば何の意味もない。決して、人は財産や地位や名誉を得るために、この世に生まれてきているのではないのだ。

現在携わっている営業という仕事を通して、自分は一体何をすべきなのか、今一度真剣に考え直してみる必要がある。

そのことが少しでもわかってくると、数字に一喜一憂することなく、いつでも営業という仕事に誠心誠意取り組んでいくことができるようになるだろう。

たとえ売り上げが思うように上がらないときでも、仕事の手を抜いたり、焦ったりすることはなくなるはずだ。

そして、「自分の使命を果たすため」という意識で営業に取り組んでいる人には、必ず数字という結果も後からついてくるものである。

6 やらされるからやっていないか？

よく社内で、営業部門以外の配属を希望していたのに、会社の都合で営業マンになってしまったという人がいる。経験がないゆえに、初対面の人に緊張し、名刺すら差し出す手が震え、言葉もスムーズに出てこない。「自分は営業マンになる気はなかったのだ！」という言い訳を心で繰り返し、ストレスたっぷりの日々を過ごしている人はいるだろう。

根性を出してマニュアル通りの営業をし、「やることはやっている！」と上司に心の中で叫んではいないか？　しかし、どんなに一生懸命マニュアル通りに営業をしても、その実、お客様には受け入れられることはない。血が通っていないからだ。

挨拶の仕方、名刺の出し方、パンフレットの示し方など、まるでロボットのようにどんなお客様に対しても同じ。しかも、お客様の立場になるという配慮がないから、パンフレットの説明も一方的で無味乾燥になる。よほど魅力ある商品でない限り、お客様は、喜びに満ちた顔もしなければ、ただ時間を無駄に過ごし、売りつけようとしている営業マンに疑心暗鬼の目を向けるだろう。しかし、営業マンはそれにも気づかず、マニュアル通りに話し続ける。

時には、他社製品より品質がワンランク下のものを売る場合もある。それをいかに魅力的なものだと理解してもらうか、それが営業テクニックでもある。ところが、マニュアル通りに話を進めていると、お客様は疑問を持つ。品質が悪いのに、なぜ売りつけようとしているのかと。そんな疑問を持たれたことも気づかず、営業マンが話し続ければ、当然のことながら「買いません」「契約しません」と断られるのがオチといえる。

「やらされているからやっている」という営業マンは、お客様から見れば、ただ代金だけをむしり取ろうとする人にしか見えない。それに気づいていない営業マンが多いのも現実である。

7 マニュアル人間になっていないか？

仮に成績が上がらない営業マンがいたとしよう。

営業報告のときに、上司は「マニュアル通りにやっているのか」と、その営業マンを問い詰めることだろう。

そこで、マニュアル通りにやっていないことが判明したら、今度は「お前はマニュアルすらできないのか。我が社のマニュアルはサルでも結果が出るようになっているんだから、お前はサル以下だ」と叱責《しっせき》するに違いない。

ここまでは、会社でよく見かける風景だ。

問題はこれから先である。

もし、そのマニュアルに書かれていることを実行すると法律に触れる場合である。

マニュアル通りの営業マンは、知らず知らずのうちに違法行為を行っていることになる。やらされている側にとっては、マニュアル通りなのだから、自分の行っていることについて責任を感じていないことが多い。まったく自分は何のために仕事をしているのかがわかっていないということだ。

そこが、マニュアル通りの営業マンの恐ろしいところである。明確に「脅《おど》す」とも「騙す」とも、マニュアルには記されていない。実際に行ってみると、脅していたり騙していたりしていることが多い。まじめで純粋な人間ほど、その傾向が強い。

こんなことに気づかなければ、犯罪者の仲間入りである。

それに気づいたとしても、まじめな営業マンだったら、会社の方針と良心の狭間で、思い悩み苦しみ、最後には心身に支障をきたすことになる。

一方、お客様にとって、一度受けた悪い印象は、ずっとついて回るため、誰かと話をするときも、「あそこはやめたほうがいいわ」ということになる。悪い噂の広がりは、止めることができない。それもすべて、マニュアル偏重で心を通わせることのない営業のもたらした結果といえる。

8 売らんがために立派なことを言ってないか？

商品やサービスをよりよく見せるために、営業マニュアルでは、さまざまな手法がある。例えば、メリットを山のようにいい並べて、デメリットはパンフレットに小さく記載されているだけ、営業マンは触れようともしないことなど……。

一方、お客様の中には、その小さなデメリットを見逃さない人がいる。また、欠点を瞬時に見分けてしまう人もいる。

お客様から欠点を指摘されたとき、きちんと欠点の説明をするのはもちろんのことだ。しかし、内心ではさっぱり理解していないことも、「もちろん、そういうこともできますよ」「本当にできるの？」「もちろんです」とウソをついてしまうことがある。

契約後、お客様から「あなたはできるといったのに、実際にはできないじゃない。契約は無効です！」と告げられたときも、「いえいえ、何かの手違いです。調べますのでしばらくお待ちください」と言い訳をする。だが、最初からウソをついていたのだからできるわけがない。ウソの言い訳を並べ立て、最後には、「私は担当が代わりましたのでよくわかりません」と、逃げてしまう。

売らんがために、立派な見せかけだけを作ろうとウソをつくと、ウソは雪だるま式に膨らんでいく。営業上のウソは、詐欺行為に結びつくから注意が必要だ。もちろん、そこには誠意のかけらもない。人間としても、うそつきのレッテルを貼られることだろう。

立派なことをいっても、立派か否かを判断するのはお客様に他ならない。大風呂敷を広げても、契約後には化けの皮がはがれる。立派なウソは、営業には必要ないのだ。誠心誠意の営業では、立派なことを言い並べる必要はない。お客様に必要なものを提供するという姿勢こそ、求められることなのである。

9 「奪う」姿勢こそ営業マンが嫌われる原因だ

そもそも、なぜ営業マンが今まで嫌われていたのか。その理由は、強引に品物を買わせてお金を奪い取ろうとしてきたからである。

これまでの営業マンは、自分の成績のことしか考えない人が多かった。さらに最悪だったのが、お客様がどう思おうが、どうなろうがお構いなく、強引に売り付けるような自己中心的、エゴの強い営業マンがいたからである。

お客様からドロボーのようにお金を奪いとったり、押し売りしたりしていた営業マンもいる。いわば詐欺的商法、ぼったくり商法だ。売ってしまえば、後は野となれ山となれという方法で、消費者センターに苦情がたくさん入るようなインチキをしている人もいる。

つまり、営業マンが嫌われてきたのは、自分の我欲が出発点の〝欲望のモチベーション〟に基づいたドロボー営業マンが多かったからである。

心のどこかで「買ってもらおう」「契約をもらおう」「お金をいただこう」とただ思うだけで、商品に自信がなければ、後ろめたい気持ちが湧いてくる。それは「奪おう」というドロボーの発想とあまり変わらない。ドロボーのように奪おうと考えているから、捕まるのではないかと心配になり、体が硬直しドキドキ緊張しなければならないのだ。

あなたの中にお客様から奪ってやろうという発想が少しでもあったら、お客様からは「売り込み」と思われてしまうだろうし、あなたの心にも後ろめたさがどこかにつきまとうだろう。

しかし、反対に「お客様のお役に立てれば」「お客様に買っていただかなくても、喜んでいただければ」という気持ちで訪問すれば、お客様も次第にあなたが売り込みに来ているとは思わなくなる。ドロボーではなく、訪問者として受け入れられるのだ。その結果、信頼関係も育まれるといえる。

10 奪うために「お客様のため」と言っていないか？

営業マンがよく使っている言葉に「お客様のため」というものがある。

しかし、「お客様のため、お客様のため」と連呼しているような営業マンが、果たして本当にそう思っているのか疑わしい。

そんな営業マンの心のうちを覗《のぞ》いてみると、「お客様のため」と言っているのは口先だけで、本音は自分の成績や利益のためであったりする。

つまり、結局は自分の欲のためにモノを売っているのに過ぎないのだ。

このような状態は、非常に中途半端でよくない。七〇パーセントはお客様のために働き、三〇パーセントは自分のためというようにはいかないのが人間だ。そのような状態になったら、その両者の葛藤が原因で、その人は分裂症になってしまう。実際、こういう状態に陥っていて、悩んでいる営業マンを多く見受ける。

このようにならないために、最善の解決法は、「一〇〇パーセント、お客様を喜ばせるために働いていているのだ」と、きっぱり覚悟を決めることである。そして、心底、そのことに専念することだ。一度、お客様のために働く「サンタさん営業マン」になると決めたら、クビになろうが、失業しようがいいという思いで、姿勢を貫き通すことが重要だ。「ひょっとしたら、世の中にとって有害な仕事をしているかもしれない」「気が咎《とが》めるような商品や売り方をしている」と思っていたら、スパッと辞めてもいい。社会に本当に貢献できる仕事をしようと切り替えるべきだ。

会社人間になって、会社の中に埋没してはいけない。あくまでも会社は自分の人生の中における一部であり、会社の中に人生があるのではない。自分の人生という単位で物事を考えることが大切である。

同じ「お客様のために」といっても、我欲から自分に偽って何かを奪うために働く「ドロボー営業」と、お客様の役に立ってお客様に喜ばれる「サンタさん営業」とではまったく歩む道が違うことを肝に銘じてほしい。

11 お客様の立場になるな！　お客になれ

よく「お客様の立場にたって営業をしよう」という教えがある。

確かに「お客様の立場」を意識して営業することは重要だ。ロールプレイングという営業の練習でも「お客様の気持ちを意識して練習しろ」などと指導される。

しかし、そんな練習をしたくらいで、本当にお客様の立場になれるのだろうか？

答えはＮＯだ。

そもそもその「お客様の立場」というのは営業マンの頭の中で想像した「お客様」に他ならない。

では、どうすればいいのか？

それは、「お客様の立場」になるのではなく、あなたが「お客になる」のだ。

たとえば自分のライバル会社の商品を買ってみたり、サービスを実際に受けてみたらいいのだ。そうすれば「お客様の立場」というよりも「お客様」そのものの感覚を肌で実感することができる。

あなたが「お客様」になったときの、その皮膚感覚を覚えることである。

その時、相手の営業マンが自分の都合で無理強いをして、あなたの希望を何も聞かない営業をしてきたら、当然不快な気持ちになるだろう。「ああ、自分の都合でやったら、こんなに嫌な気分なんだな……」、その感触を味わうのだ。

逆に、親切に分かりやすく説明され、あなたの希望をかなえる商品購入やサービスをうけることができたなら、どうだろうか。

きっと営業マンとの心のふれあいを実感でき、「喜び」や「満足感」といった感覚を実地で感じられるだろう。その時の気持ちをしっかり味わえば、「お客様の立場を意識」などしなくても、自然と、どうしたらお客様は不快を感じ、どう接したら心地よく話を聞いて、納得して、満足して喜んでいただけるかの感触がつかめてくる。

これが、心を頭で学ぶこと、皮膚感覚で学ぶことの違いなのである。

自分の営業スタイルをチェックする

Point1 営業とは直接自分の喜びを人に届けることのでき、お客様と最も大きな感動と喜びを分かち合える仕事

Point2 営業に不向きな人は存在しない。なぜなら、どんな仕事も、人を喜ばせることが最大の目標であり、営業についても同じことがいえるからだ

Point3 目の前の人のために尽くす営業ほど自分自身を人間的に成長させてくれる仕事はない

Point4 無理なく、自然体を貫ける仕事であれば、ベストマッチングといえる

Point5 自分の使命を果たすためという意識で営業に取り組んでいる人には、必ず数字という結果も後からついてくるものである

Point6 誠心誠意の営業では、立派なことを言い並べる必要はない。お客様に必要なものを提供するという姿勢こそ、求められることなのである

Point7 強引に品物を買わせてお金を奪い取ろうとしてきたから、営業マンが嫌われてきた。お客様に役立つ、お客様に喜んでいただくという気持ちで訪問すれば、お客様との信頼関係も育まれるといえる。

Point8 同じ「お客様のために」といっても、我欲から自分に偽って何かを奪うために動く「ドロボー営業」と、お客様の役に立ってお客様に喜ばれる「サンタさん営業」とではまったく歩む道が違う

Point9 お客様の立場になるよりも、自分がお客になる。その体験で味わった皮膚感覚を大切にして、「サンタさん営業」を実践する

PART I　サンタさん営業マインド編

第2章
小手先だけのテクニックは すぐに見破られる

サンタさん営業・ドロボー営業

1 ハウツーに頼ったあなたは徐々に蝕まれていく

「サンタさん営業」が、他の営業ノウハウと決定的に何が違うのか、そのポイントをはっきり述べよう。

一般的な営業ノウハウは、営業テクニックを磨き、その技術を駆使して営業成績を上げるというものだ。その根底は、「売れればいい」という考えである。

しかし、〝サンタさん営業〟は、「営業を通して、本当に自分の人格が良い方向へと変わっていくこと。人生観が変わり、人間が変わっていくこと」である。営業を通して人生が変わっていくという部分が、他の営業ノウハウとはまったく違う。

もちろん総合的に営業成績を上げていくことの中では、技術的なものも必要だ。

しかし、営業する一番のポイントは、自分の人間性をいかに高めていくかである。営業していて、こっぴどく「断られ」ても、本当に喜びが湧いてくるまで自分自身の人間性を高めていくということである。

たとえば、日常生活の中で誰かに叱られても、その瞬間、「あぁ、ありがたい！」と思えるようになれたら、営業で訓練したことがそのまま実生活の中にも活きてくるということになる。「それがプラス思考ってやつで、今まで俺が勉強してきたことなんじゃないのかなぁ」と、この段階では思われているかもしれない。

自分が営業成績を上げるために、今まで一生懸命身につけてきた営業テクニック、本を読んだり、セミナーを受けたりと、自分なりに自己研鑽してきたやる気アップの技術の数々、すなわち、まじめに取り組んできた自己暗示や、イメージトレーニング、完璧なまでに叩き込んできたプラス思考などと同じだと感じるかもしれない。しかし、実はまったく別のものなのだ。

それが逆にあなたを蝕んでいることに気づくべきである。プラス思考は、人を喜ばすのではなく、臭いものには蓋をするといった自分の気持ちの問題でしかないことを知る必要があるのだ。

2 悪循環に陥っていないか？

営業マンなら誰しも、当然、トップセールスマンになりたい、もっと自分の業績を伸ばしたいと思っているだろう。そんなあなたは、いろいろな営業の本を読んだり、研修を受けたりして、さまざまなテクニックや営業心理学を学び、成功哲学などを勉強して高いモチベーションを維持しようと思っているかもしれない。

しかし、そんな努力を重ねているにもかかわらず、いざ、アポイントを取ろうとすると、どうだろう。たとえば、電話をかけようとするとき、会社へ飛び込もうとするとき、玄関のチャイムを押そうとするとき、そんな時にふと胃のあたりに重い感覚がもたげ、ギブスでもはめられたように、行動がストップしてしまうことはないだろうか？　考えて欲しい、営業マンが訪問するたびに、「ああ、また断られるんじゃないかなあ」「相手に何て思われるんだろうか」などと思っていたら、とてもじゃないが身が持たない。「ガチャン！」と耳に突き刺さるガチャ切り電話の、あの冷たい感覚……、「何しに来たんだ！」とばかり害虫でも見るような、あのキツイ眼差し……、用は無いとばかりバシャン！　と閉められたドアに向かって思わず「あなた、それでも人間か！」なんて、叫びたくなる。まるで、野良犬や野良猫でも扱うような高飛車な態度じゃないか。そんな、あなたが過去にこっぴどく断られたことをいちいち思い出して、その時の痛みをグサグサ感じながら毎日営業活動していたとしたらどうだろうか。

やがては、そんな自分に嫌気がさし、「ああ、何て自分はダメなんだ」「もう営業なんて辞めたい！」「ふーっ、今月、どうやって乗り切っていけばいいんだ」「あーあ、事務や総務の仕事は気楽でいいよな」といったように、自己否定や不安に襲われ、次第に自信を失っていく。そんな気持ちで営業してみても、お客様には、イヤイヤやっているその心が伝わってしまう。

そして、結局また門前払いに拍車がかかり、いつもの悪循環に陥ってしまう。

3 お客様より書店に駆け込む営業マン

最悪なのは、いったんこの悪循環にはまってしまうと、なかなか抜けられなくなることである。しかし、ほとんどの営業マンはこの状況から抜け出そうともがく。

「このままではまずい、早くなんとかしなくては……」と腰を上げてはみるが、さて、次の行く先は……お客様のところではない。どこへ行くのか？　書店の営業書籍コーナーや自己啓発書コーナーである。そこには、困り果てたあなたの心に暖かく励ましのエールを贈るかのような、魅力的なタイトルの本がたくさん揃っている。そして、あなたは、なかなか思い通りにならない現状打破の秘訣が書かれていそうな本や、気をそそられる本をあれこれ購入することになる。

「さあ、これで最悪の現状ともおさらばできるぞ」と、買っただけで何となくイケそうな感覚を覚え、むさぼるように読む。しかし、いくら営業の本を読んで勉強し、営業テクニックを学んでも、また、自己啓発のノウハウ本を読んで自己暗示をかけても、そう簡単にうまくいかない。そして、効果が出ないと、やがてはそんな自分自身に嫌気がさし、自分を責め出す。

「こんなに勉強しているのに、どうして効果が出ないんだ」

「やっぱり俺には営業がむいてないのかなあ?」

「ああ、いい加減こんな自分を何とかしたい！　でも……」

「何て自分はダメなんだ」

といった、さらに強いマイナスの思い、心に傷が深く刻みこまれてしまい、否定的、消極的な思いや感情にいっそう拍車をかける。

「一体自分はどうしたらいいんだ！　自分は営業しかできないし、今さら別の技術を身につける気力もない。どうすればいいのか?」

真の営業を学ぶならば、書店に駆け込むのではなく、お客様から学ぶ必要がある。それを忘れている人が多いのが現状だ。

4 テクニックは道具と同じである

営業のテクニックや技術の必要性・重要性を否定するわけではない。いや、むしろ、営業のスキルの向上には必要なものだ。

営業成績を上げるためには、心理学やデータに基づいたテクニックをいろいろ学ぶという方法がある。営業技術を磨くためのコンサルタントの講演や各種セミナー、それを紹介する書籍などに、さまざまな手法が開発されている。

こうして、テクニックを学ぶことは、確かに一定水準の営業スキルに到達する手順にはなる。未熟な初心者は、平均点レベルに達するのに、テクニックを学べば、それなりの営業スキルを身につけることはできる。我流でがむしゃらに営業して回るよりは、無駄がなくなり、最初のどうしようもない成績よりは数段レベルアップできる。問題はそこから先である。営業スキルを身につけても、すぐに限界点に達する先をどう乗り越えていくかが問題になる。

ここで一番伝えたいことは、「テクニックとは道具と同じである」ということだ。たとえば、包丁は道具である。この包丁の切れ味が鋭ければ鋭いほど、その包丁を手にした人の心の状態が大きなポイントになる。もし、喜びと感謝に満たされた人が、その包丁を手にしたらどうだろうか？　きっと愛する家族や伴侶のために、あるいは親しい人たちに、愛情のこもった料理を作ろうと最大限、その包丁を使うだろう。

もし、憎しみや恨みを抱えた人に、その包丁を手渡したらどうだろうか？

こうなると、人を傷つける可能性も十分ありうる。

切れ味が鋭ければ、その度合いによって、良し悪しの結果が大きな違いとなって出てくる。場合によっては、悪い方に大きな結果が出てしまう可能性もある。つまり、道具を使う前にやらなければならないことがあるのだ。

何のために使うものなのかを、先にテクニックを磨くことに走ってしまうと、間違った使い方になってしまう。

5 誤った認識が常識化している

一般的に、理想的な営業マンとして、お客様の心理状態を読み、お客様のニーズを上手に聞き出し、問題点を明確にし、その解決策としてあなたの商品を提案していくような、合理的なセールステクニックを駆使できることが常識化している。

クロージング技術などを駆使し、またはツールなどを活用して切り抜け、巧みにお客様を誘導して成約までをシステム的に導く手法として代表的なものが、応酬話法である。プレゼンテーションの過程で出てくるさまざまな障害を、心理学をベースとした営業トークやお客様からのさまざまな反論に対して用いているだろう。

「断られてもぜんぜん落ち込まない」という営業マンがいる。その人は、さまざまなテクニックを徹底的に勉強して、完璧なまでに営業トークを身につけているはずだ。断るパターンが何通りあるかを熟知し、それらの状況に対してすべて応酬話法が可能で、断りや反論にあっても「あ、来たな」ということで心理的余裕が生まれ、どんなに断られようが大丈夫だというのである。

しかし、営業の現場では、マニュアル通りにはいかない。どんな状況が目の前に現れてくるのかわからない。つまり、応酬話法などのテクニックだけを基準にしていると、その基準に合わない状況になった途端、一気に調子が狂ってしまうのだ。

テクニック偏重の営業マンは、自分が覚えたパターンをひとつの理想型として、万全な準備をする。確かに準備をすること自体は大いにいいことである。

しかし、それを理想のパターンとして型にはめ、そうなることを期待してしまうと、理想と少しでも違う展開になった途端、心を惑わされ、平常心を崩され、しどろもどろのトークになってしまうのだ。しかも、心がこもってないゆえに、しどろもどろになると、お客様に「怪しい」といった不信感を生じさせかねない。

また、「落ち込まない」という状況は、かなり精神的に無理を強いているように見受けられる。このままいけば、恐ろしい結末が待っているだろう。

6 自己暗示で膨れあがる欲望の果てにあるもの

営業マンにとって、やる気はもっとも大切なことである。

「トップになって高級車に乗りたい」

「ナンバーワンになって海外旅行に行くんだ」

「表彰されて、みんなから注目されたい」

「経済的に豊かになって、理想の一戸建てがほしい」

こうした、ああなりたい、こうなりたいという自分を駆り立てる夢や目標を設定して、それを達成することを原動力にしていくやり方が、「欲望のモチベーション」である。

そのために、イメージトレーニングや自己暗示という技法が一般的に用いられる。

呼吸を整え、脳波を安定させ、目を閉じ、まぶたの裏に「売れている自分の姿」を映像化する。もしくは、何度もなりたい自分を言葉にして繰り返し、口ぐせのようにして、自分に言い聞かせる。

「自分は売れる……自分は売れる……今月もトップになって表彰された……」

とても強烈な方法である。

しかし、自分の成績や収入を上げるという欲だけでは、モチベーションは決して長続きはしない。ト手をすると頭と行動が一致せず、空転を起こす。イメージ通りにならない現実に直面し、一気にテンションは下がり、マイナスの心のままで、テクニックという切れ味鋭い道具を持たせてしまう可能性がある。つまり、犯罪に結びつきかねない誤った営業手法といえる。テクニックという道具は、正しい心で使うからこそ、意味がある。強烈な営業テクニックを駆使して多くの人を騙し、問題になった事件の一つや二つをあなたもご存知だろう。

これが、まじめに営業成績を上げようと、懸命に頑張る人や、ひたすら努力している多くの人たちが陥りやすい「テクニック偏重の営業の盲点」なのだ。

7 プラス思考を鍛えて無理をしていないか

まじめな営業マンは、自分の力で目の前に立ちふさがる壁を何とか克服しようと、さらなる努力を重ねる方向へ突進していく。努力が決して悪いといっているのではない。しかし、私たちは往々にして、気づかないうちに、間違ってとんでもない方向へ突進してしまうことがある。

つまり、欠点を克服しようとするテクニックやノウハウを身につけて頑張ることが、とんでもない悲劇を生むことになる。

もっとも代表的な営業ノウハウとして、「プラス思考」といわれるものがある。営業に限らず、一般的なメソッドとして、イメージトレーニングと並んで有名である。

マイナスの状況に直面して嫌な思いをしても、何とかそれを無理にでもプラスに思おうと努力する。プラスに「思えない」から、無理やりにでも「そう思おう」と、一生懸命プラスに転化する努力をしていくのが「プラス思考」の根本である。

断られたら、自分が傷つかないようにその場をつくろって、その後の仕事に響かないようにする。

テクニックを完璧に学び、自己暗示でプラス思考を徹底すると、お客様に何を言われても、すべてプラスに受け止める対応が、機械的なまでにできあがる。

このようなプラス思考と、「サンタさん営業」とは、一見勘違いされやすい。プラス思考とは、平たく言えば、聞いて聞かないふりをする、都合の悪いことは面の皮を厚くしてはねのけてしまうか、無視してしまうやり方だ。

それに対して、「サンタさん営業」は、お客様に対して前向きであることは同じであるが、お客様と自分の心と心をシンクロさせて、喜びを分かち合うという点で、まったく違うのである。つまり、お客様と交わされるやりとりに含まれる、非常に重要な「真実」が、プラス思考では見えなくなってしまうということだ。

8 これまでの営業ノウハウは皮膚感覚を麻痺させる

これまでの営業は、多くの情報や知識を頭に詰め込み、それを状況に応じて小出しにしていくものだった。

それはちょうど、受験勉強のようにテストでいい点数をとるために、機械的に詰め込んだ知識で頭を一杯にする詰め込み教育に似ている。

こういった詰め込み教育型営業がどういった弊害をもたらすのか。ひたすら知識や情報をたたき込まれた営業マンを見てみれば一目瞭然である。まさに「営業マシン」というべき、心の通わない営業を展開している。

応酬話法を駆使し、絶対に「落ち込まない」という営業マンがいるが、それも心の通わない点で同類だ。

なぜなら、それはテクニックやプラス思考によって、問題を表面的に処理しているに過ぎないからだ。

単なる営業的成功ではなく、人間成長という観点でいうと、むしろ「落ち込まない」ということは欠陥として受け止めた方がよい。落ち込まない状態で、ますます、人間性は失われて、「営業マシン」化していくのだ。

さて、問題なのは、「プラス思考」によって、完全に「営業マシン」化してしまったときだ。

プラス思考とは、目の前にある嫌なものや厄介な出来事から逃れるために、何とかそれを見ないように目を背けて、フタをかぶせるメソッドである。完璧にフタをしてしまうことで、その営業マンの皮膚感覚が鈍くなる。

皮膚感覚が麻痺すれば、人の痛みをわからない、人の言葉も理解できない仮想現実に生きる人間になるか、あるいは、人を陥れることを何とも思わない、ウソとしか言えない人の道を踏み外した存在になる可能性がある。

9 トップセールスのモノマネはもう卒業

よく、自分の売り上げを伸ばそうと、社内のトップセールスマンのセールストークを一生懸命覚えて自分でもその通りにやっているのに、全然その人のようにはいかない、成績も上がらないというケースが見受けられる。

もちろん、優秀な営業マンの真似をしたり、研究してよいところを盗んだりすることは悪いことではない。大いにやるべきである。しかし、人の真似をしても、決してその人と同じようにはなれないことを知るべきだ。

なぜなら、トップセールスマンと自分は全然違う人間だからだ。自分は自分でしかない。だから自分らしいやり方でやらなければならないのだ。自分は世界にたった一人しかいない存在であり、早く自分独自のスタイルを確立すべきである。

その上で、人のマネをするのならば、大いに効果があるだろう。マネをするときのポイントとしては、できる限り咀嚼《そしゃく》して自分らしさを引き出すことだ。そして、自分らしさを発揮するための呼び水としてマネをすること。

ただ表面的にスタイルや話し方のマネをするだけでは、決して自分らしさは出てこない。また、本当の意味での自分のものにはならないだろう。

すなわち、トップセールスと同じである必要はないのだ。

チューリップがバラのように咲こうと思っても、絶対にバラにはならない。無理やりバラになろうとしたら、そのぶん苦しんだり悩んだりするだけである。バラが見事に咲いていたら、その姿を見て、自分はチューリップとして最高の咲き方をすればいいのだ。自分は自分らしい咲き方をすればいい。バラを見て感動したお客様も、見事なチューリップを見て別の感動をするはずだからだ。

チューリップがバラのように咲こうとしたら、ぎこちなくなり、挙げ句にそのようになれないことに落胆する。お客様もそんなゲテモノのチューリップなどに感動を覚えないだろう。

10 他人が真似できない自分の営業スタイルを確立せよ

人の真似をしたり、テクニックを学び、自分の営業スタイルを確立することは大いに良いことだが、営業で最も大切な熱意を失ってしまっては、絶対にお客様を感動させることはできない。お客様の心に訴える方法で、一番大切なことは、言葉や話し方よりも、自分自身が豊かな心になることだ。

豊かさ、喜び、感謝、愛でいっぱいの心……そういった心が、自然と顔つきに出て、言葉に出る。その心は、お客様が見た瞬間に感じ取ることもできるのだ。

同じ言葉を言ったら、同じ結果が得られるとは限らない。

誰かの真似をして、同じように言葉を口に出しても、豊かな心がなければ、お客様に違った印象を与えてしまう。「口先だけ」と直感的に感じ取られてしまうのも、心を持っていないからに他ならない。それは、どういう言葉を言えばいいというマニュアル的なやり方ではない。そのため、自分の心が豊かで喜びに溢れれば、その場で最もふさわしい言葉が自然と出てくるようになるものだ。そうした時に初めて、その心と言葉がお客様の心に響く。だからこそ、営業マンは、豊かな心、喜びいっぱいの心でお客様に会いにいかなければならない。

いろいろなノウハウ本に書いてあるようなテクニックを身につけなくても、「絶対にこの商品の良さをわかってもらいたい。そして、本当にお客様に喜んでもらいたい」という強い気持ちさえ持っていれば、たとえ話が下手であろうが、スマートさに欠けようが、お客様の心に響かせることができるのだ。

自分は誰も代役のできない貴重な存在だということを知るべきである。

だから、あなたはあくまでも自分らしさで正々堂々と勝負すること。自分らしさで勝負すれば、それは偽らざるものだから、後になってボロが出るということはあり得ない。そして、そのありのままの自分を磨いていけばいいのだ。その結果として、自分の営業スタイルを確立することができるだろう。

11 あなたはドロボー営業？ それともサンタさん営業？

営業に関するテクニックによる弊害は多大なものがある。一部には常識化しているものも少なくない。しかし、全面的にこうしたテクニックを否定しているわけではない。むしろ、営業スキルの向上には欠かせないものといえる。

問題なのは、テクニックという道具を、どういう心で使うかということである。それによって使い方がまったく変わってしまい、下手をすると、営業マンが即詐欺師にもなりかねない。つまり、順番が大切なのである。

いわゆる、テクニックや応酬話法などばかりを磨いていると、営業マンとして上っ面の浅いところばかりに注力して、逆に長い意味で実力をつけていく、いわば底力を発揮していく大事な真実を見ることから遠ざかってしまう。

そういう大事なことが見えにくい人は、テクニックやプラス思考を一生懸命勉強してきたタイプの人だ。何か困難なことが起きても、頭の中で「きた、きた」と、それまでの頭に詰め込んだ知識だけで処理してしまう。固定化された、型にはまったパターンだけでやる。たとえば、ドロボー（泥棒）だってドロボーの技術を磨き、完璧なドロボーのテクニックを駆使して、ドロボーとして成功することは可能だろう。

プラス思考のドロボー営業も、サンタさん営業も、前向きな点は似ているかもしれない。テクニックを使うこともあろう。ただ、ここで勘違いしないでほしい。ドロボーも、サンタさんも、袋を抱えて深夜に人の家に入って来ることには変わりはない。シルエットも同じだ。何が言いたいのかというと、表面的な共通点では、ものの本質は見えてこないということだ。

心という視点で見れば、「ドロボー営業マン」はお客様から「奪うプロセールス」であり、「サンタさん営業マン」はお客様に「与えるプロセールス」ということなのだ。一方は、与えて喜んでもらう。もう一方は、人から奪って出てくる。

あなたは、どっちの営業マンになりたいのか？

●自分の営業での失敗の原因を追及する●

Point1 お客様には、自己否定・不安・自信喪失といった気持ちや、イヤイヤやっている心が伝わっている

Point2 真の営業を学ぶならば、書店やセミナーに駆け込むのではなく、お客様から学ぶことがたくさんある

Point3 一般的な営業ノウハウには、「どんなことをしても売れればいい」という考えが根底にある

Point4 自分の成績や収入を上げるという欲だけでは、決して長続きはしない

Point5 テクニックという道具は、正しい心で使うからこそ、意味があり、テクニックを磨くことに走ってしまうと、人の道を踏み外すことになる

Point6 テクニック偏重の営業マンは、自分が覚えたパターンをひとつの理想型としているため、少しでも違う展開になった途端、しどろもどろになってしまう

Point7 プラス思考は、お客様に何を言われても、都合の悪いことは聞いて聞かないふりをするやり方だ

Point8 がんばっているのに、まったく結果がでなければ、これまでの方法を思い切りよく捨てて、新しい方法に切り替えてしまうことが肝心だ

Point9 トップセールスと同じである必要はない。自分だけのオンリーワンの営業スタイルがあるはずだ

Point10 表面的にスタイルや話し方のマネをするだけではお客様を感動させることはできない。一番大切なのは、自分自身が豊かな心になることだ

PART Ⅰ サンタさん営業マインド編

第3章 サンタさん営業は売り込まない

サンタさん営業・ドロボー営業

1 サンタクロースが街に現れればおのずと人が集まるのはなぜか

サンタクロースはいつも笑顔で、いつも楽しそうである。大きな袋にプレゼントを詰めて、世界中の見も知らない子どもたちに夢を届けている。代金を受け取るわけでもなく、いわばボランティアだ。

損得勘定抜きに世界を駆け巡るサンタクロースのパワーの源は、〝無償の愛〟といえる。彼の周りには常に〝無償の愛〟のオーラが満ちているため、サンタクロースがいるだけで、心温まる気持ちになったり、癒されたりするのだ。

ここで、ふと疑問に思う人がいるだろう。サンタクロースは、ボランティアで無償の愛を提供しているが、営業はボランティアではなく仕事であり、〝無償〟にはなりえないと。しかし、モノを売って代金を得るという部分は仕事でも、お客様に喜ばれるという部分は〝無償〟で行う必要がある。お客様が、買う、買わないにしてもだ。

そういう意味では、営業マンもサンタクロースと同じに成り得る。幸せな気持ちをお届けする季節外れのサンタクロース。それが、本来の営業マンの姿である。「あの人に会えてよかった」「話をしてとても心が温まった」「幸せな気分になれた」と、お客様に感じていただくことは、営業冥利に尽きることだろう。

サンタクロースのように、お客様に笑顔で迎え入れられ、「ありがとう！」といわれたら、きっとあなたも幸せな気分になるはずだ。どこへ行っても、幸せの気分になれる営業は、楽しいにちがいない。そして、不幸せな人がいたら手を差し伸べる心の余裕すら、持つことができるだろう。

〝無償の愛〟に満ちたサンタさん営業マンは、自分も喜びながら仕事ができる。いつも心躍ってワクワクしながら、お客様のところへ行き、結果として実績がついてくるのだ。実績は追うものではない。後からついてくるものである。世界中の子供たちからサンタクロースが愛させるようになったのも、毎年クリスマスに行っている活動の結果だということを忘れてはいけない。

2 サンタさん営業マンはお客様に喜ばれにいく

サンタクロースは、子どもたちが喜ぶ顔を見るのが大好きである。しかも、感動を大きく膨らませるために、眠っている子どもたちの枕元にこっそりとプレゼントを置いていく。お金持ちの子にも、貧乏な子にも、分け隔てをすることなく、大きな感動と喜びをもたらすために、冬の寒い季節に世界中を飛び回る。

子どもたちも、毎年、恒例となっているサンタクロースのプレゼントを楽しみにしている。眠い目をこすりながらサンタクロースの姿をひと目みたいと、夜中まで起きている子もいるほどだ。

そして、朝、目覚めたときに、枕元に置かれたプレゼントを見たときの感動は、単に手渡しされる以上のものがある。素晴らしい演出で、子どもたちに大きな喜びを与えるために、サンタクロースはプレゼントを配り続けているのだ。

営業マンも同じである。単に物を売るだけでは、人に感動を与えることはできない。お客様にいかに喜ばれるかが、営業の醍醐味である。どうすれば、お客様に喜んでいただけるのか、お客様を感動させることができるのか、サンタクロースになった気分で考えてもらいたい。

たとえ、すぐに買ってもらえなくても、契約に結びつかなくても、お客様はサンタさん営業マンが運んでくれた幸せな気分は、決して忘れないだろう。人に喜びをもたらすのが、サンタさん営業マンなのである。

自分はお客様に喜ばれに行くのだ。

自分はお客様にお役に立ちに行くのだ。

自分はお客様に素晴らしい情報を届けに行くのだ。

そのことをもう一度しっかりと自覚しなければならない。すると、自然にニコニコしながらお客様に会いに行けるはずだ。あなたも、早くサンタさん営業マンになりきろう！　それがお客様に会うのが楽しくなる一番のコツなのだ。

3 サンタさん営業マンはひたすらプレゼントを与える

サンタクロースは、みんなの喜ぶ顔を見たくて、ひたすらプレゼンとを届けに飛び回っている。

あなたがサンタさん営業マンになりきっていたら、お客様にプレゼントを渡したくて渡したくて、仕方がなくなるだろう。喜ぶ顔が見たい、感動を与えたいと思ったら、品物ではなくても、心だけでも、お客様に何かを与えたいと思うはずだ。そして、このプレゼントを届ければ、きっと喜んでくれると、心から思っていると、お客様の顔を見るのが楽しみになるはずである。

サンタさん営業マンに徹していないと、お客様のところへ行ったときに、「また営業マンが売り込みに来た！」と嫌われるのではないかと心配しがちである。そんなふうに意識し出すと、それだけで足が重くなり、後ろめたい気持ちになってくる。何よりも営業という仕事が楽しくなくなってしまう。

こんな悩みを持つようになるのは、お客様のことを置き去りにして、自分がどう見られるかと、自分のことばかり考えているからである。自分をよく見せようと背伸びばかりして、話すことも大風呂敷を広げるようなことになる。

サンタさん営業は、自分のことは二の次だ。サンタクロースは、決して体裁を気にしない。ひたすら子どもたちに喜んでもらえるようにプレゼントを配っている。つまり、営業でも一〇〇パーセント与えようという気持ちでいれば、お客様に純粋に会いたいと思えてくる。そうすれば、嫌われたくない、後ろめたいという気持ちにはならないはずだ。

そう、あなたはサンタさん営業マンなのだ！

ひたすら与えることに徹すること。営業マンは、最初は招かれざる客であっても、与え続けていかなければならないのだ。与えることに徹していれば、何も後ろめたさも残らないし、堂々とお客様のところに訪ねて行けるはずである。

4 サンタさん営業マンのプレゼントはお客様の役に立つもの

サンタクロースは、子どもたちのために、1年がかりでたくさんのプレゼントを用意している。

営業マンも〝季節外れのサンタクロース〟なのだから、たくさんのプレゼントを用意しておく必要がある。

しかし、プレゼントをただ贈ればいいというものではない。サンタクロースは、一人ひとりの子どもたちが喜ぶように、何がほしいのか、しっかり吟味している。単なるプレゼントでは、感動が薄いのを承知しているからだ。

営業マンのプレゼントも同じである。感動の薄いプレゼントを用意して、いくら届けても、お客様の心には響かない。

そもそもあなたは、お客様のところに何のために行くのだろうか？

本来、営業マンとは、人に喜び、利益、至便性を届けるためにいる。もともと喜ばれるはずの仕事ゆえに、プレゼントはさらなる感動が求められるのだ。

サンタさん営業マンのプレゼントは、大きく2つにわけることができる。

ひとつめは、お客様がそれぞれ抱える問題を解決することができるもの。

ふたつめは、お客様に喜ばれるもの。

人が心動くときとは、今抱えている問題が「これで解決できるかも知れない……」と思った時か、もしくは、今よりもさらに楽しくなったり、便利になったりする時である。

そんなプレゼントを多く準備しておけば、それだけであなたの説得力は倍増する。人に与えた幸せや喜びは、自分に何倍にもなって返ってくるのだ。「与えよ、さらば与えられん」という言葉もあるが、そう心得て、お客様に役立つたくさんのプレゼントを用意し、惜しむことなく与えよう。

5 サンタさん営業はモノを売るのではない

サンタクロースは、一体何を子どもたちに届けているのか、もう一度考えてみてほしい。

最新のゲーム機やソフト、キャラクターグッズ。もちろん、どれも正解だ。

しかし、それだけではない。

サンタクロースが子どもたちに届けている最大のプレゼントは、〝夢〟なのだ。どの子にも、1年に1回、キラキラとした夢を見させてくれている。

自分が営業マンのサンタクロースを目指すのなら、お客様にどれだけの夢を届けているのか、ここでじっくりと見つめ直してみるといい。

どれだけ、お客様に夢を持ってもらっているか、その夢をどこまで膨らませることができているか。

単にモノを売るという発想であれば、「これを買わせたらお金を余計に使わせて申し訳ないなあ……」と引け目に感じてしまう。それでは堂々とお客様に勧めることはできないだろう。

あなたが扱う商品をお客様が使うことによって、どんな喜びが得られるか、どんなドラマが待っているか、そんなストーリーを語り、夢を与えることこそがあなたの一番の仕事なのだ。

例えば、この商品によって、お客様に自信がついたことで、これまでコンプレックスだった悩みが解消されて、性格が明るくなった。いつの間にか付き合う人間関係まで変わって、新しい出会いが生まれる。そういう話をすれば、ただのモノを売ったのではなく、夢や喜びを売ったことになる。

つまり、サンタさん営業マンが売るものは、商品というハードではなく、夢や喜びというソフトなのだ。

6 お客様にとってのサンタクロースになること

どんな商品でも、その機能だけを伝えるのは普通の営業マンである。

お客様に夢と喜びと愛を届けるのがサンタさん営業マンの使命だ。

そこで、夢やドラマを伝えるために大切なことがある。それは、自分自身がお客様にとって、夢のような、太陽のような存在、すなわち本物の「サンタクロース」になるということである。

いくら素晴らしい夢のある話をしたとしても、自分自身がサンタクロースのように輝いていなかったら、残念ながら話も色褪せて聞こえてしまう。むしろ、「営業マンが物を売りたいがために、口先だけのことを言っている」と、疑心暗鬼の目を向けられかねない。

なぜなら、お客様は話の内容よりも、本当はあなたの存在自体のほうが大切なのだ。

同じ商品やサービスを買うときに、信頼できる人から購入したいとは、誰もが思うことだろう。だから、信頼できない営業マンはお客様から鋭い視線を浴びせられるのだ。

自分の存在を示すには、〝一〇〇万ドルの笑顔と一〇〇万ドルの情熱〟が必要である。それだけではない。服装が小奇麗であること。身だしなみが清潔感に溢れていること。挨拶がきちんとできること。言葉遣いがいいこと。品があること。他にも気をつけたいことはいろいろある。数え上げれば、きりがない。

繰り返すが、お客様にとってあなたの存在が、サンタクロースであってもらいたいのだ。

「何て素晴らしい人なんだろう！」

「何て情熱的な人なんだろう！」

「何て思いやりのある人なんだろう！」

「こんなセールスマン見たことない！」

そう思われる営業マンを、あなたも目指してほしい！

● サンタクロースを営業の理想スタイルとして学ぶ ●

Point1 サンタクロースはいつも笑顔で、いつも楽しそうである。サンタクロースの周りは常に“無償の愛”で満ちている。営業マンも“無償の愛”に満ちていれば、いつも笑顔で、喜びながら仕事ができる

Point2 サンタクロースは、子どもたちに大きな喜びを与えるために、プレゼントを配り続けているのだ。営業マンも、単に物を売るだけでは、人に感動を与えることはできない。いかにお客様に喜んでいただけるのか、考えてもらいたい

Point3 サンタクロースは、決して、体裁を気にしない。ひたすらプレゼントを配っている。営業でも、100%与えようという気持ちでいれば、何も後ろめたさも残らないし、堂々とお客様のところに訪ねて行けるはずである

Point4 サンタクロースは、子どもたちのために、たくさんのプレゼントを用意している。営業マンが“季節外れのサンタクロース”だからといっても、プレゼントをただ贈ればいいというものではない。感動の薄いプレゼントを用意して、いくら届けても、お客様の心には響かない。お客様に役立つたくさんのプレゼントを用意し、惜しむことなく与えよう

Point5 サンタクロースが子どもたちに届けている最大のプレゼントは、“夢”なのだ。サンタさん営業マンが売るものは、商品というハードではなく、夢や喜びというソフトなのだ。あなたが扱う商品をお客様が使うことによって、どんな喜びが得られるか、どんなドラマが待っているか、そんなストーリーを語り、夢を与えることこそがあなたの一番の仕事なのだ

Point6 商品の機能だけを伝えるのは普通の営業マンである。お客様に夢と喜びと愛を届けるのがサンタさん営業マンの使命だ。お客様にとってあなたの存在が、サンタクロースになることだ

PART I サンタさん営業マインド編

第4章 こんな営業マン見たことない!

サンタさん営業・ドロボー営業

1 テクニックより人間好きになることから始めよう

自分を好きになり人を好きになることが、営業の基本であり、「サンタさん営業マン」になれる最大の秘訣である。

テクニックだけに頼る人は、必ずどこかで壁に当たってしまう。すべての人を好きになることはできないからだ。「この人は好き、この人は嫌い」と言っているのは、波長が合うとか合わないという世界。そういう人は、自分の好きなタイプの人とは上手くいくが、嫌いなタイプの人とは上手くいかない。だから、売れる人は限られてくる。

営業は人に会う仕事ゆえに、人が嫌いでは営業を好きになれるわけがない。

逆に、人を好きになれるなら、営業もそれだけで楽しくなるはずだ。だから、営業を好きになるには、人を好きになることが一番なのである。

人は十人十色である。しかし、必ず短所もあれば、長所もある。その長所をしっかり見つめることが重要だ。人との付き合いが苦手という人は、人を好きになるために、自分がこれから訪問するお客様を思い出して嬉しかった出来事をノートに書き出してみてほしい。お世話になったこと、お茶を出してもらったこと、思いやりのある言葉を投げかけてくれたことなど、お客様にしてもらったことを一つ一つ書いていくのだ。

たとえ何もしてくれなかったとしても、時には嫌味を言われたとしても、ほとんどの人は会ってさえくれないのに、その人は会ってくれているのだから、まず会ってくれたことに感謝できるはずだ。さらには、前回会ったときにはあなたに冷たかったとしても、その人の何らかの温かい面を想像することはできるだろう。

会社では冷徹だった課長さんも、家に帰れば、子どもを抱っこして目尻を下げる優しいお父さんなんだろうな……とホットな面を思い浮かべてみるのだ。

表面上では近寄り難い地位の高い人でも、肩書きを取って人間性だけを見てみる。そして、その人の長所だけをたくさん、いろいろと探してみてほしい。

2 自分が変わればお客様の態度も必ず変わる

街角でぶつかった時に、「この野郎！」と言われたら、「なんだと！」という気持ちが湧いてくる。

しかし、こちらが「ごめんなさい」と言って頭を下げたら、相手も「いや、こちらこそ」というように反応が変わるだろう。

つまり、自分が変わると相手も変わらざるを得ないのである。

同じように、あなたが笑えば、相手も笑い、あなたが怒れば、相手も怒る。あなたが明るい顔をすれば、相手も明るい顔をし、あなたが暗い顔をすれば、相手も暗い顔をする。まさに相手は鏡である。

お客様が冷たい態度をしたり、きつい断りを言ったりするのは、あなたの顔や態度がお客様に映っているのだ。だから、お客様を、あなたの鏡として受け止めることが何より重要である。

お客様の顔は、あなたの顔なのだ。あなたの顔が、鏡に映っているだけなのだ。そう思えば、鏡に文句を言う人はいないはずだ。あなたの顔がいい顔になった時に、初めて、鏡に映る顔もいい顔になる。だから、あなた次第なのだ。

誰しも、満面に笑みを浮かべて、「あなたに会いたかった」という思いで訪問されたら、嫌な思いをする人などはいない。

あなたが「こんにちは！」と入って行った時に、お客様の喜ぶ顔を想像するだけで、自分の顔つきは変わっているはずだ。

そうすることで、自ずと出てくる言葉も変わってくる。当然そのことによって、相手の反応は間違いなく変わるだろう。

お客様もあなたのことを好きになってくれるから、お客様に会いに行くのが楽しくなり、仕事そのものが好きになってくるはずである。

3 相手に「会えて嬉しい」と言わせる笑顔を出そう

サンタさんの笑顔は、それだけで、人の気持ちを温かくしてくれる。サンタさんの笑顔には、自分を笑顔にしてくれる以上の何かがあるのだろう。同じように、いつも笑顔で朗らかであることが、「サンタさん営業マン」への第一歩といえる。

お客様はあなたを映す鏡だから、すなわち、お客様の反応はイコール自分の心の成長を測る物差しだ。自分がどれだけ成長しているか、どれだけいい顔になっているかは、お客様の反応で判断できる。

お客様の反応が良くなれば良くなるほど、あなた自身の心が素晴らしく成長していることになる。逆に、どんどんお客様の反応がひどくなってきたら、あなたの心が荒んできていると受け止めればいい。お客様の反応は、すべて自分の反映だと思うことだ。お客様は、いろいろなことをあなたに教えてくれる先生なのである。理解してくれるお客様も先生、冷たくあしらうお客様も先生なのだ。すべてのお客様は自分に教えてくれている先生といえる。わざわざコンサルタントに高いお金を払って怒られているのなら、お客様に怒っていただいた方が、むしろお金もかからないし、生の声が聞けるというものだ。そう考えれば、怒っていただくことにも、本当に心から感謝をすることができるはずだ。

「出会いを通して自分に出会う」という言葉もある。お客様との出会いの中で、自分自身に内在している自分が出てくるのだ。自分の心が嬉しくなれば、自ずと晴れやかな顔になる。

お客様との関係もそれと同じで、お客様の反応がいいと、自分も気分が良くなり、さらにいい顔ができるようになる。そうすることで、さらにお客様の反応が良くなり、またまた自分も気分良くなり、もっともっといい顔ができようになる……。そんな連続作業を繰り返していけばいいのである。そうすれば、相手に「会えて嬉しい」と言っていただくことができるのだ。

4 本当の自分を出せば最高の笑顔が出る

作り笑いでは、第一印象だけが良くて、後は評価が下がっていく。作り笑いというのは本物ではない。営業笑いと言って、自己中心的な笑いだ。お客様にいい印象を与えて、品物を買ってもらおうとするしたたかな笑い方である。だから、お客様の前では笑顔でも、少し離れればすぐに疲れて仏頂面になる。世の中に仏頂面の方がいいという人はいない。

もし、心からの喜びで、全身の細胞が喜んで笑っていたら、誰に対しても二十四時間本当の笑顔でいられるはずだ。本物のダイヤモンドが、近くで見れば見るほど、その輝きや素晴らしさがわかり、何度も見たくなるように、第一印象以上に、会えば会うほど印象が良くなるならば、後から評価が下がることは絶対にない。

本当の笑顔には、触れれば触れるほど「あなたの顔を見ていると、こっちまで嬉しくなっちゃうわね」と言われるような力がある。そう言われるには、自分自身が本物になることが大切だ。

「そうは言っても、私にはなかなかそんな風にはできません」と言われるかもしれない。そういう場合、最初は形から入ってもよい。前述したことと矛盾するかもしれないが、仏頂面をしているよりはまだましだからだ。しかし、形だけの笑顔であっても、相手に良い印象を与えることができる。そして、相手から笑顔が返ってくれば、こちらも相手のことが少しずつ好きになってくる。

本当に人を好きになれる人には、お客様の前に行って「笑顔を作ろう」などと思わなくても、自然と最高の笑顔が出るようになる。努力をする必要がないはずだ。

つまり、ニセモノだから努力がいるのだ。頭で学んだものはニセモノだと思った方がいい。そろそろ私たちはニセモノを捨て去って、本物の自分を発揮していくべきといえる。そうすれば、お客様に接しても最初から最後まで完璧でいられるはずだ。

5 自分を売り込むな、お客様を売り込め

営業マンは「自分を売る」ということが、常識化しているが、「サンタさん営業マン」は自分を売ることはしない。「サンタさん営業マン」は、「お客様にお客様自身を売る」のである。

どんなお客様でも、最も関心があることは自分自身のことだ。みんな自分のことが一番気になるだろう。集合写真を見たときも、最初に探すのはやっぱり自分の顔だ。だから、お客様にお客様自身の話をすれば、絶対に飽きないで、いつまでもあなたの話を聞いてくれる。

お客様自身を売り込むためには、まずはお客様のことに興味を持つ！　ということだ。自分に興味を持ってくれる人を、人は絶対に嫌いにはならない。会うごとに、自分に興味を持ってくれている人に興味を持ち始めるだろう。やがて、その人の扱ってい

る商品にも興味を持ち始めるのだ。

だから、お客様にお客様自身を売り込んでいるうちに、結局はこちらの扱っている商品にも関心を持ってもらうことができる。結果として売れるようにもなるのだ。

どんな仕事もやはり人間関係が基本といえる。人間関係の基本はお互いに興味を持つことから始まる。そして、お客様にお客様を売り込むための一番のポイントは、ウソやお世辞を言わないことだ。相手の素晴らしいところを発見して、それを正直に言ってあげることだ。

「今日は顔色が良いですね」「それ、すごくいい服ですね。とても似合ってますよ」ということを、ウソやお世辞で言うと必ずバレる。お客様自身が心で感じないことを言われても、不快にしか聞こえないからだ。本当に思ったことならば、感情を込めて言えるはずである。本当のことを誠心誠意、情熱を持って褒めること。

「サンタさん営業」は、決して相手に取り入ったり、自分を売り込むことではないというのをしっかりと理解してほしい。

6 素直になるほどお客様が何を求めているのか見えてくる

お客様の良いところを的確に素早く発見するのは重要である。そのためにその能力を磨くことが必要だ。それは、見たり感じたりする能力であり、五感をフルに動員しなければならない。いわば、感性を磨くことがポイントになる。

感性を磨くのは、頭で考える能力とは異なるので、情報を集めたり、テクニックを駆使したりして回答を導き出すことはできない。マニュアルはないのだ。

感性というと、「私は感性が鈍いから」と尻込みする人がいるだろう。ここで言う感性とは、相手の求めていることを感じる能力と言い換えてもいい。

確かに、感性は才能もあるかもしれない。しかし、感性の本質が、相手に対する素直な心の働きであるとするならば、相手のことを思いやることで、自然と感性は磨かれるはずだ。

大袈裟に考えず、例えば相手が「背中が痒い」と言ったら、背中をかいてあげればいい。それは決して才能とは言わないだろう。

どこが痒いのかを当てるのは才能かもしれないが、「どこが痒いですか」と聞いてしまえば、後はそこをかいてあげるだけ。誰にでもできることだ。

要するに相手の求めていることを感じる心さえあれば、お客様にお客様自身を売り込むことはできる。

その意味では素直な感性が一番必要だといえる。

素直になればなるほど、何でも自由自在にできるようになる。わからないことは「教えてください」と言えばいいだけだからだ。

そして、そういう人には誰にでも教えたくなるから、いろいろ教えてくれるだろう。

サンタさんのクリスマスプレゼントに何がほしいと、両親が子どもに尋ねると素直に答えてくれる。同じように「サンタさん営業マン」になら、お客様は本音を語ってくれるはずだ。

7 お客様の夢をかなえてあげよう

「サンタさん営業」においてもっとも重要なのは、お客様に理屈で訴えるのではなく、心に訴えることである。よく「心を打たれた」と言うが、感動させることほど、相手に好印象を抱かせるものはない。

お客様が「買いたい」と思うのは、心が打たれて、心が動かされているから「買いたい」と思うのである。しかし、人の心は移ろいやすい。頭脳で理解するのと異なり、心で感じ取る事柄は、一瞬で変わるという性質を持っている。

例えば、山に登って眺めのいい景色を見たら、「ああ、何て素晴らしいんだろう！」と、これまでの疲労を忘れて、瞬間で気持ちが変わるだろう。あるいは、好きなタイプの人を見たら、「ああ、いいなあ！」と一目で惚れてしまう。このように、心は状況によって、すぐに変わってしまう。ほんの数分前まで気に入らないことも、「いいなあ」「素晴らしい」と感じられるのも人の心の成せる業だ。

そんな心に訴えかけることができるのは、家族の問題や人生の問題、感情的な部分、感性の部分などで、いわば右脳的な部分だ。

これに対して、理屈に訴えるというのは、理性的な部分だ。左脳に訴えるともいえる。商品の性能や用途などといった理論的な説明に反応する。このような頭に訴えていくと、理解するのに時間がかかる。そこが心の世界と頭の世界の違いだ。

お客様の心に訴える一番簡単な方法は、お客様の夢をかなえてあげることだ。

お客様の夢をかなえてあげるというのが商売の極意である。お客様は、例えば、飲食店ならば、美味しくて、安くて、雰囲気が良くて、サービスが良い店……というようにいろいろわがままを言うものだ。ならば、その夢をかなえてあげればいい。

そういう夢をかなえてあげるために、自分は何を持っているのか、何をすべきなのか、いろいろな方法を挙げていき、夢をかなえてあげられるように工夫していくこと。変わり行く心も、その夢にきっと動かされることだろう。

8 「見る能力」を鍛えよ

あなたが「サンタさん営業マン」を目指すなら、どういう能力を磨くべきか。

ふつう、営業マンの必須能力としては「知る能力」、「信じる能力」、そして「見える能力」の三つである。

まず、「知る能力」とは、物事を学び知り、それを実行する能力である。いわば、知識の世界であり、代表的なのが、これまでのマニュアル教育のことである。

次に、「信じる能力」とは、言われた通りにやる能力だ。「オレの言う通りにやれ！」と言われて、忠実に従う能力。しかし、ただ訳もわからずにやっているから、つまずいた時にどうしていいのかわからなくなる。

このようなマニュアルやノウハウをどんなに教わっても、実際にお客様のところに「こんにちは！」と入って行くと、教わったことのないまったく違う現象が現れることが多い。だから、マニュアルだけではお手上げになってしまうのだ。お客様のところに行ったらお客様の歯車と自分の歯車をがっちりと噛み合わさなければならない。そして、オーダーメイドのトークでコミュニケーションしないとダメなのだ。

お客様は何を言い出すかわからない。話の途中で電話があったり、別のお客様が入って来たりするかもしれない。ご主人が帰ってきたり、子どもが騒ぎ出したりするかもしれない。二時間話すつもりが「忙しいから三十分」となるかもしれない。その状況はこちらでは決められない。

その瞬間に、何をやればいいのかを、その状況の中で、パッパパッパッと見えるようになれたらいいはずだ。これこそが「見える能力」といえる。あたかも、瞬間的に次の行動に移るため、それを見た人からは「あなたって、すごい頭の良い人ですね」なんて言われることもあるかもしれない。これは頭が良いのではない。頭が良いというのは、収集しておいた知識を思い出し、的確に活用していくこと。しかし、「見える能力」の場合は、こうした状況を瞬時に察知、感じ取れる能力といえる。

9 会う人みんなが素晴らしく見える

「見える能力」を養うには、意識を高め、視野も広く持つ必要がある。広く全体像が見えると、次に何をしなければならないかも見えてくる。「こんにちは！」と入った時に、お客様の状況を見て、瞬時に最善の行動ができ、最善の言葉が出るには、「見える能力」が養われているからに他ならない。

そういう能力が必要である。他のお客様で通用したことが、別のお客様に通用するとは限らない。一〇〇軒回ったら一〇〇軒とも違う状況が待っている。その時に、全員の状況に一番合ったことができたら素晴らしい。そんな能力があったら最高に便利である。

ベテランになると、入った瞬間に「売れる」「売れない」がわかる。それは過去のデータが頭の中に入っているからだ。そのデータに基づいて勘が働く。つまりデータが悪いと勘も役に立たないのである。しかし、ここで言う直感はこの勘ではなく直観だ。直観とは、「直に観る」ことである。そこには、無駄な知識や感情は介在しない。「見える能力」が磨かれれば、会う人みんな素晴らしい人に見える。

すると、今ここでこの人に商品を買ってもらったら一番良い。先方も良い人から買いたいと思っている。万が一、今商品が必要ないとしても、その人とは付き合いたいと思う。そうしたらまたチャンスが巡ってくるかもしれない。いつでもまた会える。結果として無駄がなくなる。行ったら行った分だけ人脈ができる。会った数だけ見込み客が増える。

その状況では、人間の奥にある素晴らしい心しか見ていない。営業という仕事はたくさんの人に会う仕事だから、「見える能力」を鍛えるには格好の仕事であるともいえる。

営業マンが必要な能力のなかで、もっとも磨くべきなのは、「知る」でも「信じる」でもなく「見える能力」なのだ。

10 お客様に会った数だけ見込客が増える

世の中の営業マンは、「一度断られたところにはもう二度と行けない」と思い込んでいる人が多い。そのため、断られるごとに見込み客が目減りし、常に見込み客不足に悩まされる惨めな営業になる。

最近は、情報化社会ゆえに、あらかじめお客様のニーズを把握し、ターゲットを絞るようなことも行われているだろう。ピンポイント営業ともいえる手法で、一見、効率はよいのだが、断られてしまうと数が少ないゆえに、見込み客は減るばかりだ。

そのように見込み客を減らしていく営業ではなく、訪問すればするほど見込み客が増えていくとの発想の転換が必要である。

それは、たとえ相手から断られたとしても、こちらが断られたと思わないことだ。

こちらさえ「断られた！」と思わない限り、まだわずかでも売れる可能性は残っているからだ。

今の自分のレベルだから断られただけで、もっともっと力をつけていけば断られないかもしれない。

また、たまたまそのとき、お客様の虫の居所が悪かっただけかもしれない。一度断られたお客様のところに、しばらくたってから行ったら、案外あっさりと買ってくれることだってあるのだ。

むしろ、営業をやっていると、そういうことだらけである。だから、こちらさえ訪問先を見込み客リストから消していない限り、見込み客は減ることはないのだ。見込み客を減らしているのは、あなたの思い込みに過ぎないといえる。

そして、「どんなお客様でもいつかは必ず買うんだ」と思えば、それだけでも相当気持ちは楽になるだろう。

一度会ったお客様は、すべて見込み客だと思えるようにすることである。それが見込み客を減らさずに、確実に増やしていく実に簡単なコツなのだ。

11 お客様と親しくなるために営業にいく

見込み客を増やしていく方法として、お客様と親しくなることを前提に営業活動をしていく方法がある。

お客様が商品を買ってくれることだけを前提に営業していると、買ってくれなかったお客様はその瞬間に見込み客ではなくなってしまう。

しかし、親しくなることを前提に営業していれば、そのとき買ってくれなくても、親しくさえなっておけばまたいつでも訪問できるし、見込み客が減ることはないのである。そして、親しくなっていれば、やがて知人や友人を紹介してもらえることもあり、見込み客は動けば動くほど増えていくといえる。

人と人は縁で結ばれている。先ほど会ったお客様とも、何かの縁があるのだ。すなわち、営業という仕事は、縁を大事にして結果という果実を実らせる仕事である。営業とは、縁に恵まれることが大事なのだ。

たとえば、些細な縁を有効に活用することで、見込み客を増やすこともできる。お客様が「そういえば、あの人はこんなものが趣味だったと思った……」とポロッと漏らした一言を聞き逃さないことだ。瞬時にそれを受け止め、そのお客様のところへ訪問するくらいでないといけない。

ただし、「紹介してください！」とすぐに切り返したのでは、お客様は紹介してくれない。この言葉を言った瞬間、お客様と自分を結ぶ糸がお互いに離れるからだ。なぜなら、話題が「お客様」ではなく、「友人」にすり替わるからだ。さらに、「紹介したために、後であれこれ言われたら困るから……」と迷惑がられることになる。

こうしたときは、しばらくしてから、「ところで、さっき話していた方は、どのような方ですか？」とおもむろに聞き出すのがいいだろう。あくまでも主役はお客様ということを忘れてはいけない。お客様と親しくなり、お客様の方から「紹介してあげよう」という気持ちになってもらうことが重要である。

12 話をきいてくれるお客様は全員買える人だ！

お客様が、あなたの話を聞いてくれているということは、少なからずその気があるという証拠である。

お客様は、まったく買う気も興味もなかったら、最初から聞く耳など持たないはずだ。忙しい中で、あなたを迎え入れて話を聞いてくれているということは、たとえ今すぐには買えなくても、少なくともいずれは買いたいと思っているからに他ならない。

だから、今は買えるだけのお金を持っていなかったとしても、将来買ってもらうために精一杯の営業をするべきなのだ。「近い将来には必ず必要になりますから、今から見ておいてください」と言えば、迫力は出てくるはずだ。仮に今は買えないとしても、半年後や一年後には買えるかもしれないだろう。

本当にあなたの商品をほしいと思えば、その商品を買うためにがんばってお金を貯めようと思うかもしれない。お客様に「買いたい！」という強い衝動を起こしてもらうためにも、「将来手に入れるためにがんばって仕事をやるんだ」と、励ます意味でも、話をする必要がある。今すぐに売り上げにならないからといって、決して手を抜いてはならない。せっかく話を聞いてくれているお客様にも失礼だ。

また、今まで「お金がないから……」と断っていたお客様が、ポンとお金を出して買ってくれたという例も山ほどある。だから、お客様が「お金がない……」と言っても、決してそれにつられて諦めることはない。

もし本当にお金がなくて買えないのだとしたら、その時点ではお金を出しようがないのだから、営業マンとしての自分には何も問題はないとも考えられる。そのことを十分に理解して、とにかく欲しくなってもらうことに専念しなければならない。つまり、お金がありそうだとか、なさそうだとか、そんなことをあなたが勝手に考える必要はないのだ。常に誠心誠意を込めて話をすること。話を聞いてくださるお客様は、興味を持っているということを心にしっかりと書き留めておこう。

13 「紹介してあげたい」と言われてみよう

あなたがお客様にとって、利益になる営業マンになれば、お客様から「紹介してあげたい」と言ってくる。「紹介してください」と営業マンが一言も言わなくても、他の人にも紹介したいという気持ちになるのだ。

その第一歩としては、商品を買う気はサラサラないのに、「話だけは聞きたい」「もう一度来てほしい」とお客様から言われる営業マンになること。

「話を聞くだけでも元気づけられる」「勇気が出てくる」「迷いがなくなる」「やる気が湧いてくる」「心が明るくなる」と言われるようになれば、お客様との縁が生まれるポイントとなるだろう。

まず「満足」してもらい、次に「喜び」を与え、そして「感動」してもらうことだ。

そして、とことんお客様に喜んでいただいて、好かれて、愛されることである。そうして初めてお客様の方から「紹介してあげる」という気持ちにさせることができる。究極は、心の中で「紹介したくてしょうがない」とお客様に思ってもらうことだ。「紹介してください」と言うのは、やはり営業マン側の都合に過ぎない。

お客様が「あなたのために紹介してあげる」と言うのはまだまだ初歩といえる。なぜなら、「あなたのために」は単に営業成績を上げるためのお手伝いなのだ。これは「サンタさん営業マン」とは言えない。

あなたを紹介したら、友人の◯◯さんが悩んでいる問題が解決するから「◯◯さんのためにあなたを紹介してあげる」と言ってもらえたら「サンタさん営業マン」としてホンモノだ。

そういう紹介をしてもらうためには、とことんお客様本人に喜んでもらい、愛されて信用されることに尽きる。

そして、一番大事なことは、お客様のお役に立つということであり、お客様に喜んでいただくことである。

● サンタさん営業マンになるためには、まず自分を変革させる ●

Point1 自分を好きになり人を好きになる秘訣は、肩書きを取って人間性だけを見つめ、その人の長所だけをいろいろと探ること

Point2 お客様が受ける第一印象は、あなたの顔の印象なのだから、満面の笑顔をして、「あなたに会いたかった」という思いで訪問する

Point3 お客様の反応は、全て自分の反映だと思うことだ。お客様は、いろいろなことをあなたに教えてくれる先生なのである

Point4 本当に人を好きになれる人は、自然と最高の笑顔が出るようになる。努力をする必要がないはずだ。つまり、ニセモノだから努力がいるのだ

Point5 お客様は自分自身に興味を持ってくれている人に興味を持ち始める。やがて、その人の扱っている商品にも興味を持ち始めるのだ

Point6 相手に対する素直な心の働きが感性の本質であるとするならば、相手のことを思いやることで、自然と感性は磨かれるはずだ

Point7 お客様に理屈で訴えるのではなく、心に訴えることである。よく「心を打たれた」というが、感動させることほど、相手に好印象を抱かせるものはない

Point8 お客様の所に行ったら、オーダーメイドのトークでコミュニケーションしないとダメ

Point9 他のお客様で通用したことが、別のお客様に通用するとは限らない。百人のお客様がいたら百通りの違う状況が待っている

Point10 今は買えるだけのお金を持っていなかったとしても、将来買ってもらうために精一杯の営業をするべきなのだ

Point11 あなたがお客様にとって利益になる営業マンになれば、お客様から「紹介してあげたい」と言ってくる

PART I サンタさん営業マインド編

第5章
本音の営業で売り上げアップ!

サンタさん営業・ドロボー営業

1 商品の価値は自分ではなく、お客様が決める

お客様の役に立ち、喜んでもらえる営業を行うには、提供する商品やサービスがお客様にとって価値あるものという点も忘れてはいけない。お客様が求めていることを調べ、そこに商品を作る、あるいは、売るという発想は、マーケティングの世界だ。しかし、徹底的な市場調査を行って商品を作り上げ、いざお客様に買っていただこうとしても、見向きもされないことはある。商品価値を測るのは難しい。なぜならば、商品価値は、お客様が決めるからだ。

たとえ、他社の製品やサービスと似たようなもので、格段に秀でていなくても、それに価値を見出すのはお客様である。そのため、無理に商品をよく見せようと、大風呂敷を広げてウソを並べる必要はない。たくさんのお客様がいるだけに、価値は無限にあると思うべきだ。良くも悪くも、すべてをあからさまにお客様に説明して、なお

かつそれが良いというのは、お客様の好みであり、営業マンが決めるものではない。

既に世の中には、さまざまな〝流行〟の製品やサービスが存在しているが、「流行のものとは違うから……」と営業マンが落胆する必要もない。むしろ、〝流行〟は、ひとつの価値の基準にすぎず、お客様の中には、「流行のものより、こういうものがほしい」との要望を持っている人が必ずいる。自動車メーカーも、世界に名だたる大手もあれば、小さな会社もある。しかも、それなりに小さな会社が繁盛している。一般的に一番いいといわれているモノばかりに、お客様が集まるとは限らないのだ。

だから、自分の心の中で、「わが社の商品は価値がない」なんて思ってしまったら、それこそが制限になってしまう。自分で勝手に作った、自分の心の中の制限である。自社商品の無限の価値を探せば必ず発見できるはず。そういう気持ちが必要だ。実は、それが、あなたが現在そこにいる「本当の役割」ともいえる。そういった「真実」を発見していくことが重要なのである。

2 お客様の信用を得ることが品物より先

一人のお客様にいろいろな商品を買っていただくことは、営業という仕事を考えると効率がよい。そんな〝お得意様〟を何人も抱えていたら、実績は自然に上昇するだろう。しかし、同じお客様にいろいろな商品を買ってもらうためには、まず、それらをいっぺんに売ろうと思わないことだ。

初めに一つを購入していただき、徹底的に満足してもらうことが絶対条件である。

一つ買ってもらえるからと、あれもこれも押し付けようとする欲の皮の突っ張った営業は、〝欲〟が前面に押し出されてお客様にも見えてしまう。「私のために商品を勧めているのではなく、自分の売り上げをアップさせるためだけだ」とお客様が不快に感じたら、せっかく買おうとしていた一つの商品さえも、「やっぱりやめる」と言われかねない。あれも売りたい、これも売りたいというのは、自分の都合に過ぎないことを知るべきである。

自分の都合ではなくて、お客様がまず何を求めているのかを知り、その求めているものを叶え、そして満足していただくことが重要だ。それが、お客様の信用を得る第一歩といえる。信用を得られてこそ、次の商品の話も初めて受け入れてもらうことができるのだ。ところが、そこまでいっていないのに、自分の都合であれもこれも売ろうとするから、上手くいかない。

まず、自分の信用を得ること。そして商品を売って満足を得て、ようやく一つのものが完了することを悟るべきだ。すべてが完了してから、その上で、「実はこういうものもあるんです」というように、次の話を持ってくればいい。そちらを仮に断られたとしても、前に売った商品までは断られることはない。同時にいくつも売ろうとすると、片方だけでなく、両方断られてしまう可能性がある。人間はそんなに器用ではないのだ。一つずつ丁寧に売って、何よりもお客様の満足と信用を得ることだ。そう心得るべきである。

3 誰もが興味があるもの

一つの商品を売り、お客様の信用を得るのは、簡単そうに思えてその実難しい。お客様が、売った製品やサービスを本当に満足してくださるかどうか、それが問題になるからである。買ったものの、想像していたより「良かった」「悪かった」という感情で、お客様の満足感は左右されてしまう。お客様に「買って良かった」と感じていただくには、お客様の要望にピタリと当てはまる売り方をする必要がある。しかし、お客様はどんな商品をほしいかは案外わからないことが多い。

Aという商品がダメでも、Bという商品なら大いに興味を示すかもしれない。AもBもダメでも、Cならほしいかもしれない。商品ラインナップの中で、お客様のニーズに合ったものをつかむためには、どれも簡潔にアピールできるようになっていなければならない。

例えば水を売る場合でも、いくつもの提案の仕方がある。

水は「ノドの渇きを潤す」というだけではないはずだ。

「昨日飲んだお酒を流してくれるんですよ」「体にいいんですよ」「目が覚めますよ」というように、いくらでも提案することはできる。自分の持っている商品のどれかに興味を持ってもらえるように、商品すべてをしっかり把握して、どれも手短でわかりやすく魅力を伝えられるようにしておくことが重要だ。

あるいは、単一商品の場合は、いくつもの提案の仕方を考えておくことが必要である。そして、「売れています」「好評です」というのは、商品の人気のボルテージの高さを示すもので、多くのお客様から支持を受けている証しになり、商品への信頼へとつながる。ただ、ここで気をつけたいのが、その商品がお客様の求めているものと合っているかである。人気だから、同じように欲しがっていると思うのは、営業マンの一方的な解釈だ。お客様の個性を尊重し、好みや機能にあった商品を提案できなければならない。そのためにも、商品を把握しておく必要があるのだ。

4 営業の焦点を絞らないと、商品は無尽蔵に増えてしまう

お客様が求めている商品と自分が勧めたい商品が、見事に合致したら最高である。しかし、多数のお客様を対象とするときに、一人ひとりのお客様に合わせようとすると、その人数分だけ商品のラインナップを増やすことになってしまう。もちろん、企業に勤める営業マンは、自社で取り扱う商品が限られているだけに、ラインナップを広げることにも限界はある。また、あれもこれもと、限界まで広げたラインナップをお客様に提示し、「お選びください」と言うと、お客様は迷ったり、混乱したりして、「やっぱり、今日は買うのをやめておく」といった結果になりかねない。

お客様のすべてが、自分の求めている商品を一〇〇パーセント把握しているとは、限らないことも知っておくべきである。たとえば、「デジタルカメラを買いたい」というお客様が、「どこの会社のがいいのかわからない」「どう選べばよいのかわからな

い」と製品知識が皆無という状況も珍しい話ではない。保険に加入する時でも、「どういう特約をつけたらよいのか……」と悩まれる方もいる。そんなときに、あれもこれもとお勧めしたら、さらに理解ができずに迷われてしまう。

そのため、最近よくいわれているのが、「提案型の営業」である。まずは、お勧めしたい製品やサービスを絞り、その機能や内容を説明する時に、お客様にとってどう役立つものなのか、日常のシーンを織り交ぜながら説明してみよう。お客様が、その製品やサービスに対するイメージを湧きやすく工夫するのだ。すると、「いや、こういう機能がほしい」「こういう場合に役立てたい」など、細かい要望が見えてくることがある。それに即した別の商品を紹介することで、お客様のご要望に応えることができるはずだ。

お勧めする商品を絞るということは、それを入り口にして、お客様の「真」のご要望を知る手段にもなる。無秩序に広げた商品は、ラインナップは多く見えても、お客様を迷わすだけと心得よう。

5 お客様が関心を抱いていることを知る

営業では、当然のことながら、購入意欲を持つお客様ばかりを相手にするわけではない。まったく購入意欲のないお客様に対しても、営業を行うことはある。そのような方々に、自社の製品やサービスを買っていただくことは、市場拡大を考えた時に欠かせない。

しかし、購入意欲のないお客様に対して、何とか買ってもらいたいとの気持ちが先行すると、大風呂敷を広げがちである。他社の製品やサービスよりも、「当社の方が絶対に優れています」と自慢たらたらの口調で、「今ならばこんなにお得になる」と親切の押し売りのようなことをしてしまう。一方的な営業口調には、購入意欲のないお客様は、関心を示すどころか、むしろ嫌悪感を抱きかねない。

購入意欲のないお客様には、まず、関心を持っていただくことが重要になる。それには、製品やサービスに関する大風呂敷を広げた説明ではダメだ。〝関心〟を持っていただくための提案が欠かせないのである。

提案には、たとえば、時間軸と空間軸があり、時間軸の提案というのは、「将来こうなりますよ」というステージアップを示すことだ。また、空間軸の提案というのは、今現在において、「こんなに違った使い方や楽しみ方もあるんですよ」というバリエーションを示すのである。

提案することで、お客様が、それまで気づかなかった喜びを発見するというのが、営業の醍醐味である。それが、サンタさん営業だ。お客様が喜びを感じていただければ、関心を持っていただける。売ろうとしている製品やサービスではなく、営業マンのあなた自身に関心を持ってもらうことも、新しいお客様とお付き合いする上では必要だ。そのために、お客様がどのようなことに関心を示すのか、会話の中から見つけていくことも重要になる。心を動かされること、喜びに満ちること、そんなお客様の関心を知ることが、営業には欠かせないのである。

6 お客様と自分の商品の接点を把握する

購入意欲のないお客様と会話ができるチャンスは、サンタさん営業の腕の見せ所である。たとえ、数分間の対面でも、お客様にとって喜びに結びつく時間でなければならない。「買う気はないよ」というお客様に、「会えてよかったよ」との気持ちになっていただかなければならない。売るという行為は、その時点で二の次にする必要があるのだ。

まずは、会話を楽しんでいただくことが重要になる。そのために、心地よくお話しができる状況を作らなければならない。自分のセールストークも、この時点では封印しておこう。むしろ、お客様から会話を引き出すことに意識を集中すべきである。

もちろん、初対面の営業マンに対して心を閉じているお客様は、なかなか話には乗ってくれない。

「前から何度も似たような商品を勧めるけどね、うちじゃいらないんだよ」

「前から来ているのは、当社の営業マンでしょうか？」

「いや、違うな。とにかくパンフレットだけでも見てくれと、しつこくてね」

「へえ、どんな営業マンだったたんですか？」


これも会話の糸口のひとつだ。どんな営業マンだったかを尋ねて、お客様に話をしていただく。お客様は、不満に思っていた営業マンについて語ることで、胸がスッとされるかもしれない。また、趣味の話でもいい。日焼けしているお客様に、スポーツなどの話を投げかけるのも、ひとつの方法だ。こうした会話を日を改めて重ねていくうちに､自分が提供したい製品やサービスとお客様との接点を見出していくのである。日を改めて訪問するときには、「ちょっと近くまで来たので」など、営業とは関係ない部分を強調するのも方法だ。とにかく、お客様と会う機会を重ね、商品の接点を把握し、お客様が購入意欲を少しずつ育んできた頃に、商品をお勧めする。接点を把握している商品説明であれば、お客様も耳を傾けてくださることだろう。

7 お客様にお金を使う利点を教えてあげる

一般的に人の心は、幸せを求め、喜びという目的地に向かうゆえに、ほしいモノで充満している。つまり、幸せを求めて、必ず何かにお金を使うのだ。もちろん、使えるお金には限りがあるが、お客様は、あなたの商品にお金を使わなくても、必ず何かにお金を使う。必ず何かを買っているのだ。旅行に行くのか、車を買うのか、洋服を買うのか、生命保険をかけるのか、美味しいものを食べるのか、いい家に住むのか、いろいろ使い道がある。預金も同じだ。いわば、預金にお金を使っているのだ。

もし、お客様を四六時中、観察することが可能であれば、必ず何かに使っていることがわかるだろう。しかし、お客様のお金の使い方は、だれかに強制されているわけではない。自分で求めるものに自由にお金を使っているのである。

そして、「お客様は必ず何かにお金を使うのだ」「お金を何に使おうがお客様の自由なのだ」という事実を知ったら、営業マンであるあなたの気持ちは楽になるはずだ。お客様がほしいと思っているモノというのは、お客様が知り得た範囲でしかない。もしかすると、より魅力的なモノがあれば、そちらが欲しくなることもあるだろう。そうした欲しくなるモノを提案するのが営業マンの仕事である。

同じ喜びという目的地を目指しているのであれば、「こちらの方が、一番お客様にとって幸せであり、喜びですよ」と視点を自分の方に向けていってあげればいいだけなのだ。

毎日私たちのもとに入ってくるいろいろな広告や宣伝も、「これにお金を使った方がいいですよ」と言っている。「そうしたら、幸せになりますよ」と言っている。「美味しいですよ」「楽しいですよ」「嬉しいですよ」ということを、盛んにアピールしている。「みーんな、こっちにおいで！」と言っているわけだ。

私たちは、そんな情報を判断材料として、お金や時間を使っている。営業マンの仕事とは、お客様のお金の使い方をわかりやすく教えてあげることなのだ。

8 本音の営業で信頼を生む

サンタさん営業は、お客様に喜びをもたらし、幸せになっていただくことが大前提である。営業マンは、お客様を幸せに導くガイドになるのだ。そのために一番望ましいのは、営業マンがすべてを任されるコーディネーターになることである。

たくさんの選択肢の中から、客観性を持ち、お客様にとって最もふさわしい行き先を指し示すのだが、自分本位になってはいけない。旅行のツアーガイドでも、ただ名所を引っ張り回すだけでは、お客様は満足しないだろう。雑誌やパンフレットで得ている情報以上の景観だったり、美味しい飲食店や土産物店などに触れて、初めてお客様は感動するのである。

お客様を喜ばせたり、感動させるには、お客様の真意を知ることが大切だ。ただ名所に連れて行けばよいというわけではない。プラスアルファが求められるのである。

マニュアル通りの営業手法では、お客様は真意を見せてはくれない。疑心暗鬼の心を隠しながら、あなたの手腕を眺めるだけだ。そんな心を解きほぐすには、営業マンの本音が求められる。

お客様が買ったり、契約しようと考えている商品について、本当にお客様に合ったものかどうか、客観的に本音で意見を述べることが必要だ。お客様の考えられている用途で、もっと別の商品が合うときには、率直に意見を言うべきである。「そんなことをしたら、自分のお勧めする商品が売れない！」と思ったら間違いだ。お客様に相応しく、役に立つものを提供できなければ、サンタさん営業とは言えないのだ。

人は、本音で語られると、自らも本音を語らなくてはいけないと思う傾向がある。お客様に本音で語り、お客様の本音を引き出すことも、最適なコーディネートを行う上で欠かせない。本音で語り合えるからこそ、信頼も生まれるのである。お客様から「あなたに全部お任せするわ」と言われたら、それは究極の信頼を勝ち得たことになるのだ。

9 お客様に自分の商品を別の選択肢として提案をする

お客様は、常に商品を買ったり、契約できる状況にあるとは限らない。「もうすぐ海外旅行しようと思っているから、お金はそちらに使えないの」というお客様もいるだろう。しかし、そこであきらめてはいけない。あなたの話を聞いているということは、「海外旅行もいいけど、それもいいな……」と思っているということなのだ。

だからといって、そこで「海外旅行よりも、この商品を」と、ゴリ押しの営業はご法度である。お客様の考えを否定することになるからだ。むしろ、「ヨーロッパですか。旅行は本当に楽しいですよね。私も旅行が大好きですから……」と、そのことを最初は肯定し、それから道案内を始めるとよい。例えば、こんな話を展開してみてはどうだろう。「旅行は確かに楽しいですよね。でも、お客様が今抱えている問題は、その旅行で解決できるでしょうか。今の心を持ったまま旅行に行ったら、その時は楽しいけれど、戻ってきてもその悩みは消えてないから、一瞬の喜びで終わってしまいますよね。その分だけ旅行から帰った時に、虚しさが残るんじゃないですか。それよりも、旅行は少し先延ばしして、お客様の心をもっと明るくすることを先にして、明るい晴れやかな気持ちで旅行に行くと、本当の意味で楽しいんじゃないでしょうか。なぜなら、楽しいというのは、旅行自体ではなく、お客様の心が楽しいからなんですよ。お客様の心が楽しくなければ意味がないでしょう。お客様ご自身で、心を明るくできることを先に済まされてから、楽しさをより膨らませた方がよいのではないですか」

このように持っていけば、筋道ができる。契約後にお客様が、旅行のことを思い出したとしても、何の問題もない。むしろ思い出してくれた方がいいともいえる。思い出してくれたら、「やっぱりあの人の言った通りね」となるからだ。

お客様が抱えている他のお金の使い道は、はっきりと聞いておくべきである。それに対して、自分の商品を別の選択肢として提案することも一つの方法と心得ることが、大切なことなのだ。

10 お客様にはっきり見せて案内すれば、本当の信用をかちとれる

お客様が「旅行に行くから、そちらにお金が使えない」と言ったとき、旅行のことを無視して、自分の商品ばかり勧めていったらどうなるだろうか。お客様は、一方的に否定されたことを不快に感じ、あえて反発して「やっぱり旅行の方が大事」と思うようになる。結果として断られるだろう。

仮にあなたの話が上手く、旅行のことをお客様に忘れさせ、契約にこぎつけたとしても、それは成功とはいえない。契約のサインをした後に、ふっと我に返ったお客様は、旅行のことを思い出し、家族から旅行のことを言われたりして、契約したことへの後悔の念を強くしてしまうのだ。すると、せっかくの契約も水の泡。キャンセルになってしまう。

一般的に、お客様に大事なお金を使う予定を思い出させないようにし、一方的に売

りつける営業が横行している。それがもっとひどくなると、消費者センターに苦情がいくようになる。さらに重なると、会社も営業マンも信用がなくなってしまう。

まじめな営業マンであればあるほど、一方的な営業に罪悪感を持ってしまう可能性もある。手法を変えればよいものを、一方的な営業しか考えが及ばないため、その罪悪感から押しの弱い営業マンになってしまう。また、相手から苦情をたくさん言われると、トラウマ（心的外傷）にさえなってしまうことがあり、結果として、営業マンから転職する羽目に陥るのだ。

お客様だけでなく、自分の人生も暗くしてしまわないように、一方的に売りつける営業から卒業すべきである。お客様にご自身のお金の使い道をはっきりと認識させ、さらに、お勧めする商品が、なぜ今必要なのか、きちんと道筋を示すことが大切だといえる。サンタさん営業は、お客様を幸せに導く道案内と同じだ。正しい道を示すことで、お客様は納得し、営業マンを心から信用するようになる。お客様の本当の信用を勝ち得ることができるのである。

11 お客様は自分を納得させ安心したい

製品やサービスにいざ代金を払う段階になってから、迷われるお客様もいる。営業マンの話を聞き、購入意欲をかき立て、勢いに乗って「契約します」と言ったものの、サインの段階で「本当にこれだけのお金を払っていいものか……」と、戸惑ってしまう。そういうお客様の様子を見逃してはいけない。迷ったまま買ったり、契約したままでは、心の中のモヤモヤはずっと晴れることはないだろう。その後、製品やサービスにほんの少しの不備を見つけたときに、モヤモヤは一気に怒りや後悔へと変わっていく。お客様に後々不快な思いを抱かせる結果になりかねないのである。

サンタさん営業は、お客様に幸せや感動、夢を与えなければならない。「こんな商品があったなんて、素晴らしいわ！」と感動したお客様をさらに幸せな道へと導くことが重要だ。そのためには、契約や支払いのときに、お客様が迷ったままではいけない。大切なお金を払うお客様が、ご自身で納得し、安心できるように、代価よりもはるかに価値のあるものだということを営業マンは話さなければならない。

例えば、車だったら、こんな話し方ができるだろう。

「これをお持ちになることによって、家族みんなでキャンプに行く機会も増えるでしょう。そうしたら親子の会話も増えて、家族みなさんの幸せにもつながります。それに、移動時間の短縮になり、無駄も省きますから、仕事の生産性も上がりますよね。この車をお持ちになることで、幸せもお金も生み出すことができるのです。だから、この投資は何倍にもなって返ってくるでしょう」

他にも、「あなた一人ではなく、あなたの家族も喜んでくれますよ」「子どもさんにも残るものなんですよ」「このことで社会的な信用がつきますよ」といったことをはっきりと話してあげることだ。この商品にお金を使うことで、お金はただ減るのではなく、その代価よりもはるかに大きい価値が手に入るのだということをきちんと説明することで、お客様は安心してお金を出せる気持ちになるのだ。

12 どれだけお金を払っても価値があるものがある

お客様が購入時に迷われるときには、商品に関することだけではなく、当然のことながら「この会社のモノを買って大丈夫かしら」といった企業に対する不安もある。大手企業さえも、商品に不備があり、購入後の事故につながったり、保険の未払いなど社会問題に発展している。ましてや、名も知らぬ企業の商品を購入するときには、「騙されているのではないか」といった思いを抱きやすい。

あまりにも代金だけを奪い取るドロボー営業が世の中に横行しているだけに、営業マンが幸せを運ぶサンタさん営業をしても、すぐには信用されないことがある。しかし、お客様に提供する商品に自信を持っていれば、そんな状況を打破するのは可能だ。お客様が不安に思っていることについて、ひとつひとつ疑念を晴らしていけばよい。このとき、ウソをついてはいけない。「信用はあります」という型通りの言葉も禁句だ。

誠実さを持ち、熱心にお応えすることがポイントになる。

だからこそ、営業マンは、商品や会社を映す鏡にならなければいけない。お客様は、実際に会社を訪問したこともなければ、商品を手に取ったこともない。製品が目の前にあったとしても、それを実際に日常生活で使ったわけでもない。実態がわからないからこそ、不安を抱くのである。そして、営業マンが鏡となり、商品や会社を映し出すために、いろいろな話をすることが大切なのだ。

お客様は、まず、鏡である営業マンを信用するかどうかから始まる。そして、信用した鏡を通して、商品や会社の実態を知り、さらに、そこで信用したならば商品価値について判断するだろう。「この代金で買えるならば、とてもお得だわ」と、お客様に代価以上の価値を感じさせることができるのは、鏡である営業マン以外にはいないのである。

どれだけお金を払っても、「今の自分にはとても価値のあるもの」と、お客様が後々まで感じられるような営業を心掛けることが大切だ。

13 正直さと素直さに勝るお客様を安心させる材料はない

お客様に安心していただくのは、営業マンの大きな役割である。商品やその商品を提供する企業に、不安を感じているお客様を安心させられるのは、営業マンしかいないともいえる。

もちろん、営業マン自体をお客様が不信に感じているならば、それを払拭することから始める必要がある。ここでも、「私を信用してください！」との言葉は禁句だ。「信用できます！」と言われれば言われるほど、お客様は、「本当だろうか？」と疑問を抱くようになり逆効果になる。

お客様に安心してもらうために何よりも一番大切なのは、あなたの誠実さを感じてもらうことだ。「この人はウソをつかない人だろう」と思ってもらえれば、信用は勝ち取れる。だからこそ、常に正直で素直に接しなければならない。

そして、お客様の話を常に優先すること。たとえ自分から話したいことがあっても、お客様が何か言いたそうだったら、お客様の方を優先することが大切だ。

あくまでも、お客様の話を中心に話題を展開していくようにするのである。お客様から質問してきたことに対して、「はい、そうですね。それはこういうことです」というように、攻めるよりも受ける側に回った方がいい。

お客様は常に何か不安や疑問を持っているものだ。だから、お客様の言ったことに対して、誠実に一つ一つ答えていくことが大切になる。

そして、「今ので、ご理解いただけましたか？」と確認を取りながら、ひとつひとつお客様のモヤモヤを消していくようにする。

そうすると、お客様はあなたのことを信頼し、あなたの人柄を信用し、安心するようになるだろう。

あなたの人柄を安心してもらえば、クロージングは至ってスムーズに進むものなのである。

●お客様とうちとけるコミュニケーションこそサンタさん営業のポイント●

Point1 自分の都合ではなくて、お客様がまず何を求めているかを知り、その求めているものを叶え、そして満足していただくことが重要だ

Point2 お客様の個性を尊重し、好みや機能にあった商品を提案できなければならない。そのためにも、商品を把握しておく必要があるのだ

Point3 無秩序のラインナップは、多くしてもお客様を迷わすだけ。お勧めする商品を絞ることで、お客様の「真」のご要望を知ることができる

Point4 「将来こうなりますよ」、「こんなに違った使い方や楽しみ方もあるんですよ」と提案することで、お客様が、それまで気づかなかった喜びが発見できる

Point5 お客様がほしいと思っているモノというのは、お客様が知り得た範囲でしかない。欲しくなるモノを提案するのが営業マンの仕事である

Point6 お客様に相応しく、役に立つものを提供できなければ、サンタさん営業とはいえない

Point7 お客様にとって、自分が勧めている商品とは別の商品が合うときには素直に意見をいうべきである

Point8 本音で語り合えるからこそ、信頼感も生まれるのである。お客様から「あなたに全部お任せするわ」と言われたら、それは究極の信頼を勝ち得たことになる

Point9 商品にお金を使うことで、お金はただ減るのではなく、その代価よりもはるかに大きい価値が手に入ることを説明することで、お客様は安心する

Point10 お客様は常に何か不安や疑問を持っているものだ。だから、お客様の言ったことに対して、誠実に一つ一つ答えていくことが大切だ。そうすることで、お客様はあなたのことを信頼し、あなたの人柄を信用するようになる

PART Ⅱ サンタさん営業アクション編

驚く結果がすぐにでる 究極の営業法!

<サンタさん営業マンになるためのステップアップ・プラクティス>

サンタさん営業・ドロボー営業

STAGE 1 サンタさんになりきろう！お客様へのアプローチ術

STEP 1 いつも明るい元気な笑顔で「感じのいい人」でいよう

サンタさんの笑顔を見て、誰しも悪い気にはならないはずだ。

サンタさんがみんなから愛される理由のひとつに、あの「満面の笑み」が挙げられる。無償の愛から湧き上がる笑顔には、下心など微塵も感じられない。

すなわち、人の第一印象は、笑顔によって決まるといっても過言ではないだろう。会った瞬間「感じの悪い人だな」と思われた人は、この先ずっと「感じの悪い人」のままである。それを挽回するには、ものすごいエネルギーと時間を費やすことになる。

一方、初対面の笑顔で「感じのいい人」と印象付けられると、当分の間は「感じのいい人」でいられる。それだけ、笑顔の持つ影響力は大きい。あなたにも、笑顔によって人生が決まったと思われるくらい、笑顔で助けられた経験のひとつやふたつはあるだろう。

ここで、よく考えていただきたい。人は何のために頑張っているのか。サンタさんは、子どもたちの喜ぶ笑顔が見たいために働いている。

営業マンなら、お客様に喜んでもらうために、仕事をしている。人は誰でも、喜びを得たい。その喜びを表現しているのが、まさに笑顔といえる。

喜びの笑顔は、相手に反応して相手の喜びも引き出してくれる。だから、ニコッとした瞬間、嬉しくなる。笑顔は自分を好いてくれている、認めてくれているということを、もっとも的確に素早く伝える方法なのだ。

そして、お客様のところへ笑顔で出向けば、必ずお客様と共感し合えるし、喜び合うことができる。

◆モチベーションをアップさせる「喜びの瞑想」術

笑顔は、自分と相手を結びつけるパスポートのようなものだ。

結びついて、いったんその人に好感が持てれば、その人にまつわるものがすべて好きになってくる。逆に、「坊主憎けりゃ袈裟まで憎い」という言葉のように、営業マンが嫌いなら、その取り扱っている商品や会社まで嫌いになってくる。しかし、「あばたもえくぼ」というように、好感の持てる営業マンの商品については、なんでも良く見えてくるものである。

そうは言っても、最初から最高の笑顔でいられる人は少ない。そうした人のために、とっておきの方法がある。

それは、毎朝、〝喜びの瞑想〟をすることだ。

瞑想といっても、何も難しいことではない。自分の部屋か、誰かに邪魔されない静かな喫茶店でゆったりと腰をかけて、一人で十五分から三〇分ほどじっと目を閉じる。

そして、その日に訪問するお客様一人一人の顔を思い浮かべ、自分の方を見てニコニコ喜んでいるところを想像してみよう。お客様に会うのが初めての場合は想像でもよい。また、あなた自身も最高の笑顔でお客様と接している姿を思い浮かべるようにする。その時、思い浮かべるのは、お客様にお世話になったこと、いい勉強をさせてもらったこと、心温まる会話をしたことなど、自分自身がお客様に会えて嬉しかった思い出などである。笑顔を思い浮かべられないなら、できれば仕事の中での出来事が好ましいのだが、自分が今まで嬉しかった時の気持ちを思い出すことだ。とにかく、自分自身に感動を呼び覚まし、その気にさせるのである。

そのように心からお客様を好きになって、会いたくなるまで、「会いたい、会いたい、いい人だ、素晴らしい人だ」と念じ、瞑想するのだ。

そして、自然と喜びが魂の底からふつふつと湧き上がってきたら、もう準備は十分だ。生活の中で、無意識に笑顔が出るようになれば、その笑顔は本物である。

たったこれだけのことで、やる気も成績も倍増してしまうことは間違いない。

STEP 2

お客様に会える時間に会いに行こう

サンタさんは、子どもたちが寝静まった深夜に、こっそり煙突から部屋に忍び込んで、子どもの枕元にプレゼントを置いてくる。朝、子どもたちが目覚めたときに、喜びと感動を与える絶妙なタイミングともいえる。太陽が昇り陽が降り注ぐのに合わせて、子どもたちの心も温かさでより満たされるだろう。

営業のサンタさんも、タイミングを逃してはいけない。

お客様に会える時間に会わなければ、しっかりプレゼントを渡すことができなくなってしまう。喜んでもらえない。

つまり、どんなにたくさんお客様を訪問しても、お客様に会えなければ意味がない。

そのために、お客様に確実に会えるようにスケジュールを組まなければならないのである。

当たり前のことなのだが、案外これができていない営業マンは多い。不在宅に足を運んだり、忙しくて話ができない時に訪問したりして、時間を無駄にしてしまっていることが往々にしてある。

一日のうちにも、一番お客様に会いやすい時間帯がある。

それが営業のゴールデンタイムだ。

例えば、お客様が主婦である場合はお昼前後になるだろう。また、飲食店は午後3時から5時の間の休憩時間、開業医だったら診察時間後、営業所の場合は夕方6時以降といった具合に、ゴールデンタイムというものが必ずあるはずだ。

そこで、ゴールデンタイムには、絶対にお客様と会っているようにスケジュールを組むのだ。この時間帯を外していては営業マン失格だ。

ゴールデンタイムを外さないようにするための簡単な方法があるので紹介しよう。

◆「ゴールデンタイム」スケジューリング術

スケジューリングで重要なことは、やるべきことに優先順位をつけて、優先順位の高いものから順番に予定を組んでいくということだ。

具体的にどのようにするか教えよう。

まずは、一日の終わりに、翌日やるべきことをすべて手帳にリストアップする。次に、それらの優先順位をつけていく。

もちろん、営業マンの優先順位の一番目は、「お客様と会うこと」である。極端な言い方をすれば、お客様と商談していない時間は、仕事をしていない時間と考えるくらいが良い。例えば、電車や自動車に乗って移動している時間、長すぎる食事の時間(ランチ時は待ち時間の方が長い)、報告書や請求書の作成など事務作業に費やす時間がそれである。二番目は、「営業の方法を改善すること」である。今のトークで説得力があったのか、別の表現方法があったのではないか、資料はもっとわかりやすく工夫できるのではないか……、そういったことを常に考えることだ。

この一番目と二番目だけは優先順位が常に決まっていて、これは変わることはない。営業という仕事で、それよりも大切なことはないからだ。

次に、その他のものに関して、自分で優先順位をつける。

そして、優先順位の高いものを中心に、予定を決めるのだ。当然、一番目は「お客様と会うこと」だ。このとき、お客様のゴールデンタイムの部分をマーカーペンで囲い、その「ゴールデンタイムから順番にお客様とのアポイントを埋めるようにしていく。もし、アポイントが入らなかったら、その時間帯は別のお客様をたくさん訪問できるように予定を組むのだ。

少なくとも、ゴールデンタイムの間は、移動や休憩など、他の予定を入れないようにするのである。

無駄な時間を減らすことができたら、次はゴールデンタイムにどんどんアポイントを入れていくのだ。

こうすることで、報告書の作成や資料作りにばかり時間が取られるというような本末転倒は起きなくなるだろう。もし、許されるのであれば、そうした仕事は営業職以外の人にやってもらうのがベストだ。「餅は餅屋」という言葉通り、請求書や見積書は数字に強い経理系の専門職に、企画書や営業ツールはクリエイティブに強いマーケティング系の専門職に任せてしまえばいいのである。営業マンは営業に専念すべきである。

さらに、一日が終わった段階で、その日の予定の立て方、優先順位の立て方に間違いがなかったかを確認してみよう。もし改善点があれば、翌日からのスケジューリングに反映させるようにしよう。

このように、ゴールデンタイムを優先して予定を立てていくだけで、あなたは時間管理のできる営業マンに変身することができるのだ。

たったこれだけでもできれば、面白いように後から結果がついてくるに違いない。

さあ、やってみよう！

[ゴールデンタイム・スケジューリング術]

（スケジュール帳にあらかじめ顧客のゴールデンタイム枠を作っておく）

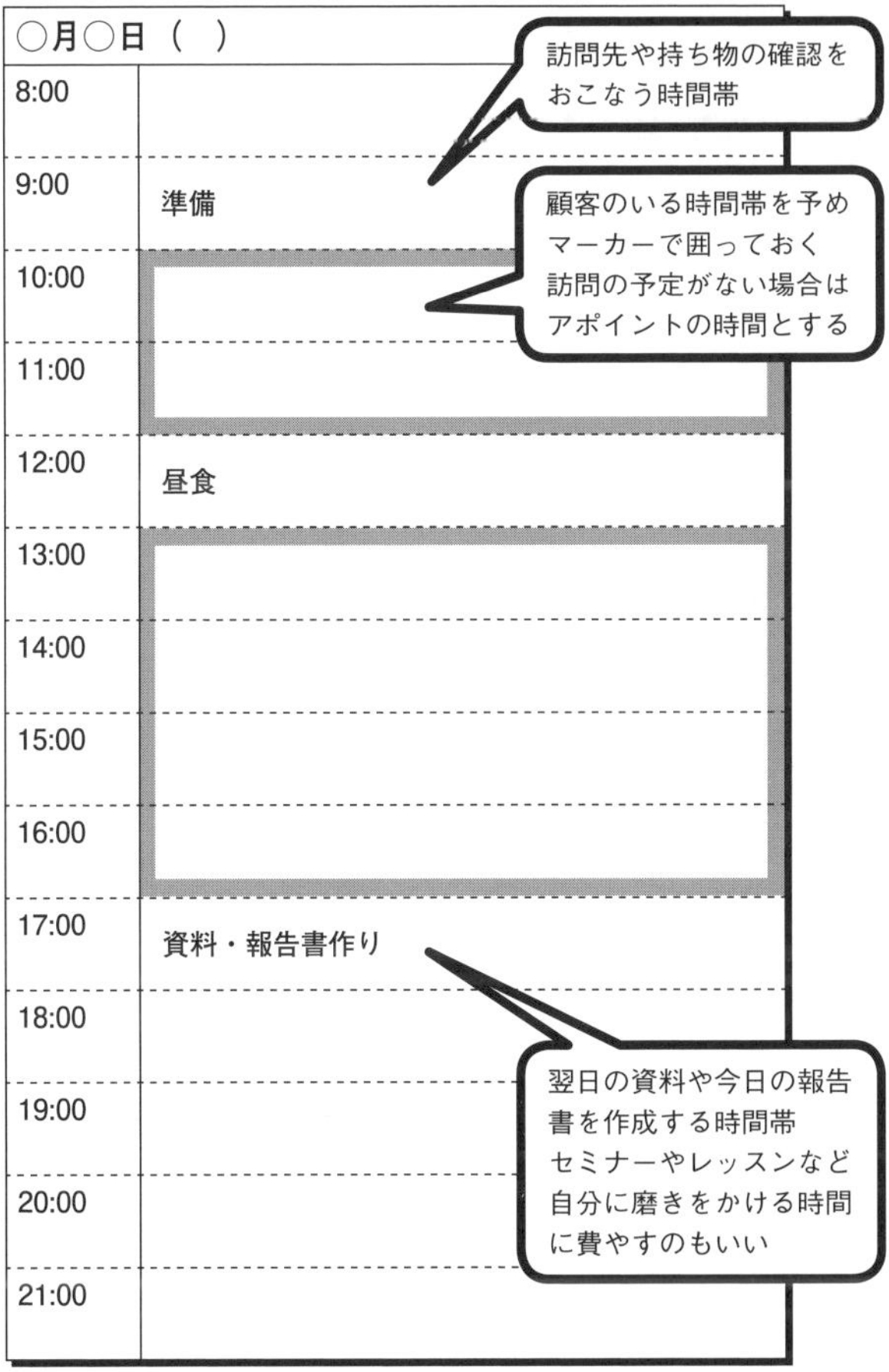

STEP 3

お客様に歓迎されるようになろう

サンタさんは、大きな白い袋を担いで、子どものところへやってくる。その袋の中身は、言うまでもなくプレゼントである。

しかし、サンタさんは、プレゼントを渡す代わりに、子どもやその親に直接、それに対する対価を要求するようなことはしない。子どもたちの喜ぶ笑顔が見たいという気持ちからプレゼントを配っているのだ。

さて、営業マンはというと、そもそも〝招かれざる客〟である。それを「ウェルカム」という存在になるためには、お客様に喜ばれるプレゼント（商品やアドバイスなど）を用意しておかなければならない。

しかし、せっかくプレゼントをたくさん用意しても、お客様が受け取ってくれなかったらまったく意味はない。では、どうしたらお客様に快くプレゼントを受け取ってもらうことができるのだろうか？

これが、簡単なようで難しい。初対面の人から親しそうな声を掛けられただけでも、何か下心があるのではないかと勘ぐりたくなるからだ。

それは、人の心にはドアがあるためだ。その心のドアをお客様自ら開けてもらう以外に方法はない。心のドアを開けてもうらことさえできれば、そこからプレゼントを手渡すことができる。しかし、その心のドアには取っ手がなく、しかも外開きでできているから、外からはそれをこじ開けることはできない。つまり、お客様の心のドアは、お客様自らに開いてもらうしかないのだ。

では、お客様に心のドアを開いてもらうには、どうしたらいいだろうか？

しかも、お客様の心のドアは、実は三重構造になっている。

その三枚の心のドアを開く方法は、それぞれ性質が異なるため、それにあったものでなくてはならない。

◆確実に「三つの心のドアを開く」セルフコントロール術

お客様の三つの心のドアが開くとは、どのようなことなのか。

まず、一つ目の心のドアを開けるということは、「あなたの話を聞く心の準備ができたということ」になる。それはクロージングまでに至る最初のプロセスに過ぎない。

次に、二つ目の心のドアを開けるということは、「場合によってはお金を払っても良いという心の準備ができたということ」になる。

そして、三つ目の心のドアを開けるということは、「お金を払う決心をしたということ」になるのだ。

営業マンは、どうすればその三つの心のドアをお客様が開けてくれるのかを、明確に把握しておく必要がある。

そこで、今の時点でやらなければならないことを確実に一つ一つやっていくために、その方法を記したカードを作るのがいいだろう。まず、ポケットサイズの小さなノートから4枚分を切り取り、きれいに重ねて端をホッチキスで留める。そして、一枚目には「アプローチで心のドアを開く方法」、二枚目には「プレゼンテーションで心のドアを開く方法」、三枚目には「クロージングで心のドアを開く方法」、そして4枚目には「プレゼントの引渡し！」とそれぞれタイトルをつける。これでカードの完成だ。
そして今度は、一枚一枚のドアに、それぞれ魔法を書き込んでいくのだ。

〈三枚のドアに書き込む内容〉
1枚目のドア＝「アプローチで心のドアを開く方法」
・笑顔（最高の笑顔は、それだけでドアを開かせる力を持っている）
・明るさ、元気
・清潔さ
・好感
・ビッグニュース

・紹介
・褒める（人は、褒められると、ついつい話したくなってしまう）
・認める（自分のことを認めてくれない人には、心のドアは決して開かない）
・お客様を好きになる（好きになってくれる人には、心を許してしまう）
・熱意（どんな人も、結局は熱意には弱いのだ）
・迫力（迫力でいけば、思わずドアを開けてしまう）
・粘り強さ（特に女性は意外と粘りに弱い）
・質問を投げかけてお客様に話してもらう（商品に関連した質問を投げかける）
例「健康維持で普段どのような点に気を遣っていらっしゃいますか？」
「いざというときになったときの対応策はありますか？」

2枚目のドア＝「プレゼンテーションで心のドアを開く方法」
・事実・実例を出す

・証拠・証言を出す
・数字で説明する
・絵や写真を見せる
・触ってもらう
・他社と比較する
・五感・六感に訴える
・ペンで書きながら説明する
・お客様の立場になって話をしてあげる
・お客様の斜め45度に腰掛けて、同じ目線でパンフレットを見る

3枚目のドア＝「クロージングで心のドアを開く方法」
・「どちら（の商品）になさいますか？」
・「（納品は）いつになさいますか？」

・「賢明なお客様はやっぱりこれになさるんですよね」と褒めてあげる
・買った後の話をしてあげる
例「これで安心ですね」

「本当に良い買い物をされましたね」

「こんなふうに扱うといいですよ」

「トラブルがあった時は、ここにご連絡ください。すぐに対処しますから」

「ご家族で旅行に行かれる時には本当に便利ですよ」など

このようにそれぞれのドアに方法を書き込んでおくのだ。そして、このカードをアタッシュケースの中に忍ばせておいて、もし1枚目のドアは完全に開けてくれたなと思ったら、1枚目のドア（カード）をめくり、2枚目のドアを開けてもらうことに集中する。そうやって一枚ずつドアを開けていってもらう。このようにやれば、今やるべきことが手に取るようにわかるようになり、セールスが一層楽しくなるはずだ。

[お客様の3つの心のドアを開く方法]

一枚目のドア
「アプローチで心のドアを開く」
- 笑顔　• 明るさ、元気
- 清潔さ　• 好感
- ビッグニュース　• 紹介
- 褒める　• 認める
- お客様を好きになる
- 熱意　• 迫力
- 粘り強さ
- 質問を投げかけてお客様に話してもらう

二枚目のドア
「プレゼンテーションで心のドアを開く」
- 事実・実例を話す
- 証拠・証言を出す
- 数字で説明する
- 絵や写真を見せる
- 触ってもらう
- 他社と比較する
- 五感・六感に訴える
- ペンで書きながら説明する
- お客様の立場になって話をしてあげる
- お客様の斜め45度に腰掛けて、同じ目線でパンフレットを見る

三枚目のドア
「クロージングで心のドアを開く」
- 「どちら(の商品)になさいますか?」
- 「(納品は)いつになさいますか?」
- 「賢明なお客様はやっぱりこれになさるんですよね」と褒めてあげる
- 買った後の話をしてあげる

商品の引き渡し

◆「認める者は認められる」心理で心を開かせる美点発見術

心のドアを開けてもらうのに、どれくらいの時間がかかるのだろうか。

ふつうのドアならものの1秒もかからないだろう。

しかし、心のドアというものは厄介で、開くときは一瞬で開くのだが、開くまでにいろいろなプロセスが必要な場合もある。

どのような場合に一瞬で開くのであろうか。それは、自分にとって心地良いもの、大好きなもの、求めているもの、愛しているものである。また、自分が認める人、大好きな人、愛している人に会えば、心のドアは開く。

もうひとつは、その逆で、自分を認めてくれる人、自分を好きになってくれる人、自分を愛してくれる人である。

「認める者は認められる」という言葉があるが、人間の心理には、自分を認めてくれる人を認めるというところがある。自分のことを認めない人は、認められないのである。

まず、お客様の素晴らしさや美点を発見し、そのことを言葉に出し、態度で示した瞬間、お客様は心を開いてくれるのである。

それができたとき、お客様は心のドアをパッと開いてくれるのだ。

「北風と太陽」の寓話をご存知のことだろう。北風が強い風を吹いてコートを剥ぎ取ることはできなかったように、心のドアも強引な手法で開けようとすると、返って頑なに閉ざしたままになってしまう。反対に、太陽は春の日差しの暖かさで包み込むことでコートを脱がしていったように、愛と融和によってお客様の心のドアを開けることができるのだ。

お客様に心を開いてもらうために、儲け話やおいしい話、あるいは手土産を持っていく営業マンがいる。またそういった営業方法がある。

確かに、そのような方法でも、お客様は心を開いてくれるだろう。しかし、それは一時的なもので、本物ではないのだ。なぜなら、お客様はその儲け話に関心を寄せただけで、あなた自身に対して心のドアを開いたわけではないからだ。その話が消えた瞬間、以前よりも固く心を閉ざしてしまう可能性もある。

だから、太陽のようになって、お客様の美点を褒めてあげ、お客様の心のドアを開けてもらうのが一番好ましいのだ。

そこで、簡単なお客様の美点発見術のひとつとして「美点リスト」を作ることをお勧めしたい。

そして、そのお客様の美点あるいはお世話になったことをできるだけたくさん数多く思い出して書いてみるのだ。

それは次のように具体的であればあるほど良い。

「非常に物知りだ」

「数字にめっぽう強い」

「口は悪いけど、鋭いことを言う」

「この前叱られたけど、そのお陰でとてもよい勉強になった」

「時々無理な注文を言いつけるけど、そのお陰で自社のサービスの質を上げることができた」

「いつも怖い顔してニコりともしないけど、子どもの話が出た時には優しい笑顔をチラッと見せてくれた。本当はものすごく優しい人なのかもしれない」

「なんだかんだいっても、こうやって会ってくれるんだから、ボクを認めてくれているのかもしれない」

「細かいことを言うが、こちらが誠実に応えれば評価してくれる」

「いつも皮肉を言うが、約束はきちんと守ってくれる」

「人にも厳しく自分にも厳しいが、社会人として立派で尊敬できる」

「いろんなことをよく知っている」

「手厳しいけど、指摘されたお陰で勉強になった」

「頑固だけど、本当は優しい面を持っているんだろうな」

「自分の話を聞く気になってくれただけでもありがたいなあ……」

このように、思いつくままに挙げていくと、あなたにとって苦手だと思っていた、嫌いだと思っていたお客様が、不思議といつの間にか好きになってしまうものなのだ。こんなに簡単にお客様を好きになれたら、もうそれだけで営業は俄然楽しくなることだろう。

どんな人にも美点はあるし、また学ぶべきこともあるのだ。だから、お客様一人一人を好きになるように工夫してみよう。

きっと驚くほど効果があるはずだ。

ぜひ試してみてほしい。

[美点リスト]

○○　○○　様

カテゴリー	美　点
容姿	
性格	
センス	
趣味	
特技	
思いやり	
行動	
考え方	

◆お客様を「絶対に否定しない」聞き上手術

お客様に心のドアを開けてもらい、その中にたくさんのプレゼントを渡す必要がある。そのために、できるだけ長い間、心のドアを開けてもらわないといけない。

しかし、お客様の心のドアというものは、聞きたくもない営業マンの話を聞いている時、ずっと閉ざしたままになっている。心のドアは繊細で、ちょっとしたことでもすぐに閉まってしまうから注意が必要だ。

心のドアは、自分を認める人には容易に開くが、自分を認めない人には絶対に開かない。特に、自分のことを否定したり、批判したりする人には、あっという間に心のドアを閉じてしまう。

ましてや、呼んでもいない営業マンから説教などをされようものなら、もう二度と心のドアを開けてくれない可能性だってあるのだ。

だから、お客様の言ったことに対して評価を下したり、議論したりすることは絶対に避けなければならない。あくまでも、目的はお客様の心のドアの中にプレゼントをたくさん入れることだ。だから、とにかく心のドアを開けることに専念する以外に方法はない。

それがたとえ、断り文句やクレームでさえもＯＫである。

あなたの会社や商品への批判や中傷であってもいいのだ。

そんな批判的な話であったとしても、少なくとも話をしている間は、お客様の心のドアは開いているからだ。

正しいか、間違いか、話の内容はあまり問題ではない。お客様が言いたいことを話してくれているかだけが問題なのである。

仮に、お客様が、あなたの扱っている商品の悪口を言ったとしても、絶対に「それは違います、お客様！」などと反発してはいけない。「ああ、なるほど。ありがとうございます」と必ず受け入れてあげることが大事なのだ。

逆に、お客様が興味や関心のある話になると、お客様から口を挟み出すことがある。

こういう時は、心のドアが開いていることが多い。なぜなら、心のドアを閉ざしたまま自分自身の話、特に自分の欲求を満たすような話をすることができないからだ。

ということは、心のドアを開いてもらうためには、お客様に自分の話をしてもらえば良いのだ。なんでもかんでも、こちらから一方的にしゃべるのではなく、どんなことでもいいから、お客様に話をしてもらうことである。

一番いいのが、自慢話である。お客様が自慢話をするときは、心のドアが開き放しになっている。

自慢話以外にも、趣味の話や仕事の話をしてもらうのがいい。また、話の材料は、玄関先までの間にたくさん転がっている。

例えば、庭やガーデニングのこと、玄関先に飾ってある絵画や賞状、もしそれがお子さんのものだったら、子どもを話題にすることができるであろう。特に子どもの話題には、自慢話になる糸口につながる可能性が高い。とにかく、子どものことを褒めてあげることだ。もし、偶然その場に子どもが来たら、一声かけるのが有効だ。

「利口そうですね。学校の成績良いのではないですか」

「背が高いですね。将来はモデルさんですか」

「いい体つきですね。なにかスポーツをやっているんですか」

「優しそうですね。モテるんじゃないですか」

さらに、その子どもと話ができたり、上手に遊んであげられたりできるのがいい。

また、悩みや問題を抱えていることもあるので、それもお客様の役に立つ話をするだけで心のドアを開けてくれるはずだ。

いったんドアを開けてもらえれば、そのドアの中に、準備しておいた素敵なプレゼントを投げ入れてあげることだ。それもたくさん投げ入れてあげれば、お客様は段々と嬉しくなってくるのだ。

さあ、あなたも早速試してみよう！　これができるだけでも、営業はどんどん楽しくなってくるはずだ。

STAGE II
サンタさんの袋の中身 お客様の役に立つプレゼンテーション術

STEP 1 お客様に相応しいプレゼントを贈ろう

サンタさんが背負っている白い袋の中身は誰でも知っているように子どもたちが喜ぶプレゼントだ。しかも、その子が本当にほしくて夢にまで見たものだ。

同じように、営業マンのプレゼントもお客様が喜ぶような中身でなくてはならない。繰り返すが、プレゼントとは、商品のみを指すのではない。お客様の問題を解決したもの、あるいはお客様に喜んでもらえたもの、そのすべてである。

したがって、それに該当しないものは商品であろうとプレゼントにならないし、逆に、お金にならないアドバイスやエピソードでもプレゼントになるのだ。

つまり、広い意味で考えれば、解説書やパンフレット、商品の説明、提案、アドバイスまで「商品」に含まれるということだ。「提案」については「プレゼンテーション」というくらいだから、プレゼントであるといって差し支えないだろう。

さらには、広告や会社のイメージ、ブランドといったものも商品の中に含まれると認識すべきである。なぜなら、価格の何パーセントかはコストとして反映されており、実際に商品の対価として支払っているからだ。イメージやブランドというものは、企業とお客様の喜びと信頼で築き上げてきたものに違いない。だから、その会社の商品を買う、そのブランドの商品を使うことに喜びを感じたりすることがある。それは紛れもない事実だ。

ゆえに、「お客様がそれぞれ抱える問題を解決することができた」「お客様に喜ばれた」という実例や情報も、商品そのものではないが、立派なプレゼントといえるのだ。

お客様に心のドアを開けてもらったら、その中にどんどんプレゼントをしていかないといけない。

せっかくドアを開けてもらっても、こちらがプレゼント不足だと、またドアを閉められてしまう可能性があるからだ。それではあまりにももったいない。

ではどうすればいいか？

答えは簡単だ。プレゼントを途切れさせないために、お客様が喜ぶプレゼントをたくさん用意しておけばいいのだ。

例えば、商品を買ってくださったお客様の反響、すなわち「お客様の喜びの声」を集めておくのもよい。逆に、クレームを知っておくこともプレゼントにつながる。商品の問題点とその解決策がそこに隠されており、お客様の不安解消に役立つことがあるからだ。当然、豊富な商品知識や業界知識もプレゼントになる。営業マンは、営業のプロである前に、その商品についての専門家であることが要求されるからだ。

◆サンタさんの「プレゼントリスト」作成術

ここでは、〝サンタさんのプレゼントリスト〟を作って、プレゼントの在庫をたくさん抱えておくやり方を教えよう。

〝サンタさんのプレゼントリスト〟と言っても、大学ノート一冊あれば十分だ。しかも、在庫を抱えるといっても一円もコストはかからないから安心してほしい。

まず、次ページのように、ノートの各ページを縦に二分し、左側を「プレゼントの在庫」欄、右側を「喜びの数」欄とする。

「プレゼントの在庫」欄には、あなたがお客様に提供できるプレゼントを列挙していく。

この数は多ければ多いほど良いから、先輩やお客様から情報を集めながら、毎日一個ずつプレゼントの数を増やしていこう。

一方、「喜びの数」欄には、左側に書いたプレゼントを実際に手渡してみた時（お客様に話してみた時）に、お客様がどんな反応をしたかを、必ず訪問した直後に、次のようにチェックし、ポイントをつけていく。
お客様が大喜びしてくれた時（決め手になるほどの手応えがあった時）…◎（2点）
まずまず喜んでくれた時（手応えがあった時）…○（1点）
無反応だった時…空欄（0点）
嫌な顔をした時（逆効果の時）…×（マイナス1点）
そして、一日が終わった時点でポイントを集計していけば、どのプレゼント（話）がお客様に効果があったか、逆にどのプレゼントがあまり喜ばれなかったかが一目でわかるようになる。
それを分析して、次の日には、もっとお客様に喜ばれるように話を組み立てていくのだ。これをやれば、一日一日確実に進歩していけるのである。

[サンタさんのプレゼントリスト]

プレゼントの在庫 （ネタのタイトル）	喜びの数 （お客様の反応）				

上段にお客様の名前を記入し、下段にその反応を評価してみる

ネタは役立っているエピソードや喜ばれた話など実例を中心に集める
ここにはネタのタイトルを記入しておく

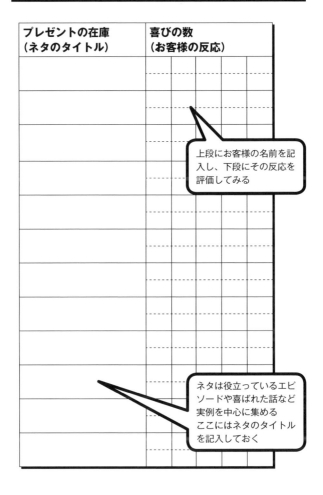

◆「お客様の喜びの声」収集術

商品の説明をする際に、初めてのお客様にとって、一番説得力があるのは「実績」である。

たくさんのお客様が、その商品を使って喜ばれているという感想や体験談ほど、お客様の関心を惹きつけるものはない。ましてや、自分と似たような境遇のお客様がその商品によって救われた、問題が解消したという話で、心を揺さぶられないお客様はいない。

そうした意味で、お客様の喜びの声は、プレゼントの中身になるのだ。できるだけ数多く集めて、「お客様の喜びの声リスト」を作っておくことが肝要だ。

リストに書き留めておく〝喜びの声〟は、何もあなたのものだけとは限らない。会社が持っているお客様の声も集めることができるはずだ。会社に送られてきた感謝状やアンケートハガキ、電話のメッセージなど、さまざまな手段で拾い集めることができるだろう。必ずそういった情報は、社内でファイリングしてあるはずだから、お客様センターなどに寄せられる情報を収集することもできるに違いない。また、同僚や先輩など他の営業マンから聞き出すこともできる。

このようにして、お客様の喜びの声をできるだけ多くリストアップしておくのだ。できれば、そのリストに毎日目を通しておくとよいだろう。そうすれば、自分の行動、自分の取り扱っている商品、さらに会社が、お客様に喜びと感動を与えているのだという確信が強くなっていくことだろう。

なによりも、あなた自身が商品に対して自信と誇りを持てるようになり、お客様を訪問する時に、引け目を感じなくなる。

これほど素晴らしいプレゼントなのだから、堂々とそれを携えて訪問できるようになれる。

「お客様の喜びの声リスト」を作ることは、お客様との話題が劇的に増えるという効果も絶大である。

[お客様の喜びの声リスト]

	タイプ	経営者	サラリーマン	主婦	OL
①	テーマ 内　容				
②	テーマ 内　容				
③	テーマ 内　容				
④	テーマ 内　容				
⑤	テーマ 内　容				
⑥	テーマ 内　容				

◆「クレームを宝の山に変える」改善術

お客様の苦情や不満の中にこそ、プレゼントの中身になるヒントが隠されていることがある。

苦情や不満があるということは、いってみれば、このことを満足させれば、さらに優れた商品やサービスをお客様に提供できるということなのである。

つまり、苦情や不満を正面に受けて、財産に変えることができれば、それこそ、クレームは宝の山となるのだ。

そのためには、どうしたらよいのか？

集められたクレームに対して「改善リスト」を作ることだ。

まず、改善リストの左半分にはクレームを記入できる欄を作る。次に右半分には、それに対する改善案を記入できる欄を作るだけだ。

お客様からの苦情や不満をどんどん左のクレーム欄に書き入れていく。自分が言われたものでもよいし、同僚や会社のお客様センターに寄せられたものでもよい。そして、右側の改善欄にその対策や方法を書き込むようにするのだ。

このようにして、クレームを細かく知っておけば、お客様への対応に役立つし、改善案が作り手サイドにフィードバックされれば、「改善中です」とか「バージョンアップしました」と答えることができるだろう。

改善リストを作り、一つ一つ改善案を考案していくことによって、あなたは間違いなく、会社からも、お客様からも信頼を置かれる存在になる。

そして、その結果、自分自身に対しても大きな自信につながっていくことになる。

日頃から、改善リストを作っておくことを心掛けておけば、お客様へのアプローチに際して、頭ごなしにクレームを言われても即座に受け答えができるだけでなく、それがそのままプレゼントとなって、お客様の関心を集めることにつながるだろう。そうすれば、心のドアを確実に開くことができる。

[トラブル改善リスト]

トラブル（苦情・問題点）	対応策	
	取り除く方法	利用する方法

STEP 2

自分の配るプレゼント（商品）について知ろう

サンタさんは、無償の愛で子どもたちにプレゼントを配っている。プレゼントは、ただ単に右から左に配っているのではない。深い愛情を持って、子どもたちの健やかな成長を願い、プレゼントを選び、配っているのである。

もちろん、サンタさんは、どの子に何をプレゼントしたかも知っているし、それがどのようなものかも十分熟知している。

営業マンも同じである。自分が取り扱っている商品についての知識は最低限なくてはならない。ドロボー営業がテクニックだけで闇雲に商品を売りつけるのと違って、お客様にとって役に立つ商品をお届けするということからも商品知識は絶対不可欠なのだ。

あなたもサンタさん営業マンなら、「さすがは専門家ですね！」とお客様に言わせることができるだろう。

そのために何が必要か、少しお客様の立場になって考えてみてほしい。

あなたなら、どんな時に「この人はさすが専門家だなぁ！」と感じるだろうか？
・幅広い知識と同時に、深い専門知識を持っている。
・何を聞いても明確に答えてくれる。
・誰にでもわかるように噛み砕いて説明してくれる。
・商品に対して深い愛情を持っている。
このように「さすが専門家！」と思われるには、何を聞かれても答えられるだけの幅広い知識と、より深い専門知識を習得しておく必要があるのだ。

自分の扱っている商品に詳しくなければ、その商品に自信を持つことはできないし、惚れこむこともできない。ましてやお客様に勧めることなどできないのだ。

商品知識説といっても、単にカタログやパンフレットに書かれているような表面的な知識だけでは不十分だ。

そもそもカタログやパンフレットにある内容は、お客様もご覧になっているのだから、商品知識がそれ以下では話にならない。もっとも、理解力があるお客様は、鋭い質問を営業マンに浴びせてくるだろう。

お客様のいかなる質問に対して的確に答えられるように、日頃から商品知識を勉強して蓄積しておかなければならない。

その商品が、そもそも何のために開発されたものか、どんな機能があるのか、用途は、特徴は、使い方は、メンテナンスは、そしてお客様にとってどのようなメリットがあるのか、あらゆる角度から調べてみることが必要だ。

あなたが、何にでも答えられるようになれば、それだけでもお客様からの信頼はぐっと厚くなることは間違いないだろう。

逆に、あなたがお客様の立場だったら、どんな質問にも答えられる営業マンと、あやふやな答えしか戻ってこない歯切れの悪い営業マンとでは、どちらから商品を購入したいと思うだろうか？

当然、同じ商品を買うなら知識の豊富な信頼できる営業マンから買いたいはずである。そうした営業マンから買った方が、購入後に使い方やメンテナンスについて、わからないことがあっても安心だからだ。

では、そんな一流の専門家になるためには、何から始めればいいのか？

知識を一から十まで、一気に詰め込んでも意味がない。それこそ自分の血肉にならない「プラス思考」的発想だ。もう一度繰り返すが、こんなやり方では自滅するしかない。

生きた知識として、自分の頭だけでなく、体に覚えさせることが必要なのだ。

自社の展示会などでデモンストレーションを見学することもあるだろう。

開発者などの作り手から話を聞くのもいいだろう。

実際に自分が使ってみるということも考えられる。

このように、方法としてはいくつもある。

◆商品知識を地道に積み上げる「一日一ネタ」記憶術

「ローマは一日にしてならず」という言葉通り、地道に一日一つずつ、商品知識を増やしていくのが最も良い方法といえる。一日たった一つの〝新ネタ〟でも、一年経てば三百個以上の持ちネタを持つことができるからだ。

それが、結局は一流の専門家になる早道である。

なぜ、一個ずつか？　それは、ただ知識をいっぺんに詰め込んでお客様に話したとしても、お客様の心には響かないことが多いからだ。

そこで、一年間の営業日が入ったスケジュール表を用意してほしい。できれば、日付の横に何かが書き込めるような空欄があるものが望ましい。手帳を代用しても構わない。そこに、その日に習得した商品知識を、箇条書きで端的に記録していくのだ。

会社が主催する説明会や展示会などあったときなど、できるだけ参加してみることだ。ぼーっと眺めるのではなく、注意して観察していれば、必ずその都度新しい発見や感動があるはずだ。そうしたものを一つ一つ拾い上げていくことが肝心だ。まず、大事な項目をざっと把握しよう。

「他社と比べて優っているのはどの部分か」

「主な機能はどんなものがあるか」

「その商品を使うことによって後々どんな利益を得ることができるのか」

「効果的な使い方とアフターフォロー体制は」

そういった大枠を把握できた後は、お客様に数多く会いながら少しずつ覚えていくようにしよう。

毎日、毎日、より専門的な知識を一個ずつ増やしていければ、気がついた時には、あなたは社内でも右に出るものがいないくらいの専門家になっていることだろう。

[一日一ネタ]

日付	ネタ	
	テーマ	内容

◆「開発者にインタビューする」商品プロファイリング術

生きた商品知識を身につける方法として、商品を開発した人に直接会いに行って話を聞いてみるというのも一つの手である。

例えば、自動改札機の開発者のエピソードとして次のような話があった。

自動改札機を開発した当初、切符を入れてもすぐに中に詰まってしまい、いつも駅員さんが近くに待機していなければならない状態だったという。それでは、まったく自動改札機としては用を足さない。

どうしたら、切符を詰まらせずに送り出すことができるか、四六時中そのことだけを考えていたという。

そんな折り、たまたま子どもを連れて川に釣りに出掛けたときに、彼はそこで大きなヒントを掴んだ。何気なく釣り糸を垂らして川を眺めていると、上流から流れてきた木の葉が一つの岩にぶつかって向きを変えて流れていく様子が目に留まった。それを見て、彼は自動改札機の紙詰まりを修正することに成功したのだ。

もし、あなたが自動改札機の営業マンだとして、こんな開発のエピソードを聞いていたらどうだろう？　きっとそのエピソードを聞いたことにより、商品に対する思い入れが増すのではないかと思う。以前の何倍以上の情熱を持って、お客様に話をすることができるに違いない。

いかなる商品が開発されたときにも、必ずそこには幾多のドラマがあるはずだ。そこには開発に携わった人たちの情熱と汗と涙があるのだ。

だから、商品の開発者に直接会ってインタビューをすれば、どういう気持ちでその商品が開発されたかを肌で感じ取ることができる。

もし、開発者に会うことができなければ、せめて工場に行って、工場長や技術者たちの話を聞いてみてほしい。

こうすることによって、商品の構造や特徴をより正しく理解する最高の秘訣にもなるだろうし、必ず驚くような新しい発見があることだろう。

さらには、あなたの扱っている商品ができあがってお客様のもとに届くまでのプロセスをチャートにしてみることをお勧めする。

一つの商品には、発案者から始まって、開発者、研究者、技術者、販売体制、物流システムといった実に多くの人たちが関わっている。

それぞれの工程での苦労話や思い入れなどについて、インタビューを行ってまとめてみるのもいいだろう。

また、これまで他社の商品に比べて、自社の商品が見劣りすると感じていた営業マンも、自社の商品の生い立ちを知り、まんざらでもないという意識が芽生え、さらに商品に対する自信と誇りを持つことができるはずだ。ここまでやっている営業マンはそんなにいないだろう。

そこまでやれば、あなたはお客様に素晴らしいプレゼンテーションができるのではないか。お客様も、「ためになった」「知らなかった」と、あなたと商品に対して感心することだろう。

[商品のプロファイリング]

企画発案者

エピソード

↓

開発者

エピソード

↓

研究者

エピソード

↓

製造過程

エピソード

↓

流通過程

エピソード

◆「自分がユーザーとなって実感する」商品知識術

説明書やパンフレットを読むだけでは、生きた商品知識とはいえない。

生きた商品知識を素早く身につけるための画期的な方法がある。それは自分で使いこなしてみることである。しかも、あなた自身があなたの商品のお客様になることだ。

あなた自身が、あなたの商品のお客になって、その商品を使いこなしてみて、初めてその商品の利便性や快適性、使い勝手の良さ、クセなどが肌でわかるはずだ。

お客様になって自分自身で使ってみることによって、初めてお客様が安心できる商品知識を身につけることができるのだ。その商品の良さがいっぺんに見えてきたとき、単なる商品の知識から生きた知識に昇華する。

商品を自分で使い、自分で納得し、自分で発見した生きた知識を備えてこそ、お客様に信頼される営業マンになれるのだ。

そもそも自分で体感していないものは、なかなか説得力が出ないから、お客様にも伝わらないし、伝わらなければやはり売れない。中途半端な姿勢では売れるはずがないのだ。自分が売る商品を、自分で使っていなければ話にならないのだ!

商品に愛着を感じ、自分で良さを味わっていなければ、お客様に堂々と勧めることはできない。自分の売っている商品を自分で使うことは最低条件なのだ。

自分で使っていれば、必ずそれがトークの中でにじみ出てくるもの。

例えば浄水器のセールスでは、「私も実はこの浄水器を使っているんですけど、ご飯がすごく美味しく炊けるんですよ。うちの小学校に行っている息子ですら、『お母さん、最近ご飯が美味しいね』なんて言ってました……」と、実体験の話が出てきて、本当の説得力が出てくる。もし、まだあなたが自分の商品を自分で使っていないのなら、自分では使えないもの(異性のものや、とてつもなく高額なもの)は別として、今すぐに購入して自分で使ってみることだ。

◆商品のメリットを増量する「付加価値」術

商品知識がある程度身に付いたといっても、自分の商品に誇りを持っていない営業マンが多い。自分の扱う商品に誇りを持てないのだから、やる気が出るわけがない。力が入らなければ、売れるわけがない。もし、そんな気持ちで売ったとしたら、それは詐欺みたいな気持ちになってしまうだろう。しかし、商品自体が、どこにも負けない完璧なものだったら、放っておいてもお客様のほうから買いに来てくれるのだから、別に営業マンの必要もなければ、広告宣伝も少なくて済むのである。

むしろ、営業マンの仕事は、商品そのものの持つ価値以外に、商品にまつわる付加価値を見出し、それを伝えていくことにあるのだ。そのために自分がいるのだと捉えたらいい。

例えば、あなたの扱う商品に一〇〇万円の代価が付いているとしたら、お客様はその商品の価値と一〇〇万円の現金とを天秤にかけているのである。お客様が現金の方が重いと感じていたら、絶対にその商品を購入することはない。しかし、商品の方が重いと感じられるようになれば、お金を払いたくなる。欲張りでケチな人ほどその傾向が強い。商品そのものの価値以外に、付加価値を天秤の上にどんどん載せていき、代価より重くしてしまえばいいのである。

そのためには、日頃から自分の扱う商品にはいかなる付加価値があるのかを探っておく必要がある。その数が多ければ多いほどいい。

そこで、「付加価値リスト」を作ることをお勧めする。付加価値は、商品そのものに限られるわけではない。会社にも付加価値があるだろうし、あなた自身の営業行動にも付加価値があるはずだ。

すなわち、「付加価値リスト」には、「商品」「会社」「自分」のそれぞれに付加価値が書き込めるようにしておくのがよい。

例えば、商品の付加価値としては、「○○の認定を受けている。お墨付きをもらっている」「デザインに癒しの効果がある」「プレミアがあり、将来高値が付く」など、

[価格と付加価値の天秤]

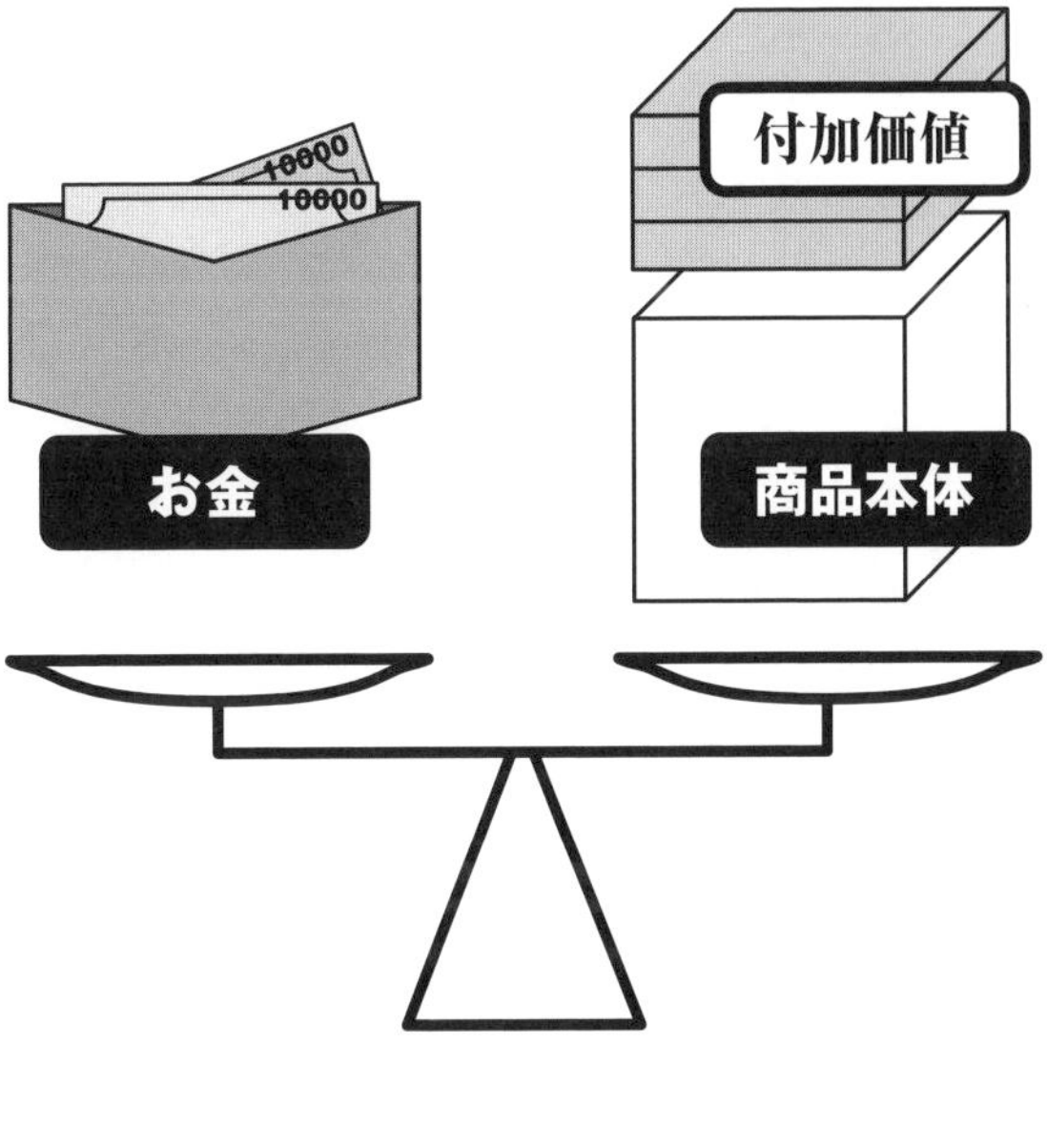

ブランド力や雰囲気が挙げられる。

また、会社の付加価値としては、「アフターサービスが充実している」「環境問題に真剣に取り組んでいる」「ボランティアなどの社会貢献を行っている」など、企業イメージなど良いところを挙げていく。

最後に、自分の付加価値としては、「いろいろな情報を提供します」「相談があったら良いアドバイスがあります」「元気づけます」などお客様にとって得になることを挙げる。探せば、いくらでも見つかるはずだ。そうすれば、自信と余裕が生まれてくるだろう。

この付加価値は、サンタさん営業における財産である。だから、この付加価値が増えることは、ちょうど預金の残高が増えるようなものだ。

このリストを預金通帳のように作ってもよいだろう。

[付加価値リスト]

(作成例)

	商品	会社	自分
①	ブランド力がある	歴史が長い	豊富な商品知識
②	オンリーワンの特注	信頼のイメージ	コーディネート力
③	一生使える	独自の流通でコストダウン	色彩検定を持っている
④	自分らしさ	アフターサービスが充実	技術者並に器用
⑤	他社より安い	知名度がある	笑顔をほめられる
⑥	機能が多い	取り扱い品目が豊富	誠実である
⑦	デザインで賞を受ける	全国に販売網がある	説明が丁寧
⑧	雑誌の人気投票３位	業界屈指の技術力	フットワークが軽い
⑨	自分の価値が上がる	社長がテレビ出演	いつも元気
⑩	心が豊かになる	環境保護に貢献している	さわやかである

できるだけ多く、お客様にわかりやすいものにする
社内のみに通用するものは避ける

STEP 3

自信を持ってプレゼントを渡そう

サンタさんは、子どもたちに配るプレゼントに絶対の自信を持っている。なかには子どもが意図したものではないかもしれないが、時間が経ち振り返ってみて、それが自分の人生を語る上で欠かせない思い出の品物になっていることもあるだろう。

自分のプレゼントに自信のないサンタさんなど存在しない。子どもの枕元まで来て、プレゼントを渡そうか迷い、そのうえ渡さずに帰ってしまうサンタさんなど、この世にいない。

会社の事務所や家庭には、いろいろな営業マンがものを売り込みに来る。そのほとんどの営業マンは、信じられないことに、自分が扱っている商品の素晴らしさを十分にアピールしないまま帰ってしまうのである。こうした営業マンを観察していると、「何のためにお客様のもとに赴くのか」という目的について、ピントがずれていることが多い。

本来、営業はお客様のところへ自分の商品をお届けするために訪問するのであって、そのためには商品の価値をしっかりとアピールしなければならない。価値を感じないものに代金を払うお客様など、世界広しといえどもそういるものではない。

ところが、そんな当たり前のことができていないのだ。

「専門知識に関しては誰よりも詳しくなったし、どんな質問をされても答えられるようになった」ところで、商品が売れるものと思ったら、それは大間違いである。

残念ながら、商品知識に比例して、売上が伸びるというような公式は存在しない。それほど営業は甘くないのだ。

あなたが、商品知識を十分に身に付けたとしても、自分の扱っている商品の価値が、本当にお客様に伝わっているのか疑わしい。

つまり、知っていることをそのままお客様にひけらかしても、商品の良さを紹介したことにはならないということが言いたいのだ。なぜなら、商品の専門知識と、お客様が知りたいと思っていることは、必ずしも一致しないからだ。

お客様が知りたいものとは、前にも言ったように、それを買ってどんな得があるのか、どんな楽しみがあるのかというメリットなのである。強烈なメリットを訴えられない限り、お客様の購買意欲は湧かない。

そこで、お客様との会話の中から、お客様はどこに興味を持っているのか、お客様は何を求めているのかを探っていき、あなたが今まで蓄えてきた商品知識を結びつけるのである。さらに、お客様のニーズに焦点を絞って、アピールすべき点を伝えていくのである。

お客様に「ああ、なるほど！」と十分に納得してもらわなければ、きちんと伝わったことにはならない。直接売上げのために、もっとも効果的なプレゼンテーションの方法を身に付けなければならないのだ。

◆商品アピールを絶対失敗しない「営業カード」術

商品ラインナップの数が多かったり、商品が複雑な機械であったりすると、商品知識を完璧にしたからといっても、アピールするポイントが散漫になることがある。そういう場合は、まずは大切なポイントと全体像を素早く掴むようにすると良い。

例えば、車を売る場合、その車の一番の〝売り〟は何なのか、といったポイントをアピールすることが大事だ。

では、商品のポイントを明瞭に、かつ、お客様に堂々とアピールできるようになる簡単な方法を紹介することにしよう。

まずは、あなたの手帳に、「営業カード一覧」という表を作る。

次に、あなたが「これこそがこの商品のセールスポイントだ！」と思う事柄を十個以上挙げる。

そして、それに「一番強調しないといけないのはこれだ」と優先順位をつけ、その順番に一覧表に記入していく。

そして、特に優先順位の三番までは最重要項目だから、太枠で囲っておく。

そこまでできたら、次はその一〇項目をそれぞれカードにする。

優先順位の一番目から三番目までのカードは、最重要項目だから、どのお客様にも絶対に伝えないといけない。だから、赤色に塗って外さないようにしておく。それは「一回言ったからもういい」では足りない。お客様はきちんと聞いていなかったり、しっかり理解していなかったりすることが多い。だから、何回も繰り返して説明し続ける。例えば「スカッと爽やか」と言えば、〝コカコーラ〟と思い浮かぶように（昔はそうだった）、CMと同じで、繰り返して伝えなければならない。それほど反復の力は大きいのだ。何回も反復して、初めてお客様の潜在意識の中に入っていく。

四番目以降のカードは、お客様に応じて使い分けるようにする。お客様の出方次第で使うカードを自在に替えていくのだ。

便利さを強調するのが一番いい場合もあるし、安さを強調するのが最も効果的な人もいる。性能の素晴らしさを徹底的に説明してあげることで納得する人もいる。あるいは、女性などは、洗練されているとか、ブランドであるとか、イメージに訴えた方がいい場合もある。また、値段で他社に勝てない場合は、品質の良さに集中して話をすることが必要かもしれない。そこは臨機応変にカードを使い分けるのだ。それこそがカードゲームの醍醐味だ。

さらに、一日が終わったら、どのカードが一番効き目があったのか、一覧表に点数を書き込み、もう一度シミュレーションをしてみるのだ。このようにして、どのタイプのお客様に、どのカードが有効なのか、データを取っていく。これを何日か続けてみると、あなたはかなりデータを集めることができる。データが分析できれば、次なる戦略を立てることも簡単になってくる。

ここまでやっていれば、いつの間にか、あなたもかなりの戦略家になっていることだろう。

[営業カード]

商品名 [＿＿＿＿＿＿＿＿＿＿＿＿＿＿]

優先順位	セールスポイント	得点（お客様の反応）				
1						
2						
3						
4						
5						
6						
7						
8						
9						
10						
合計						
決め手						

◆一気に商品をお客様に印象づける「ビジュアル」術

商品のアピールポイントをわかりやすく表現する方法としては、図や絵を使って訴えるのが効果的だ。

なぜなら、言葉や文字を使った表現は左脳に働きかけ、論理的に訴えかける商品やお客様に効く。一方、図や絵のようなビジュアルは、人の右脳にインプットされるため、感覚や感情を刺激し、強いイメージとして鮮明に記憶されるため、言語以上に説得力があるからだ。

特に、触ったり試したりできないもの、形のない保険のような商品を扱っているのならば、できるだけ目に見えるような形にしてあげるといい。

つまり、こういうことだ。

絵にできるものは絵にする。

図にできるものは図にする。

数値化できるものは数字で訴える。

他社との違いを訴える時には、棒グラフで数値を比較することができる。そうすると、一目で「あなたの会社の方が安いわね」と映像として頭に残るはずだ。また、お客様にどれだけの利益を生むことができるとか経費を削減できるというようなことも、はっきりと大きく数字で表すようにする。

お客様の見ている前で紙に絵を書きながら説明する方法もある。

図や絵にして商品を説明する場合で、気をつけることは、使う言葉はできるだけ短くわかりやすいものにするということである。難解な言葉の羅列は、それだけで興味が薄れ、商品説明を退屈なものに変えてしまうからだ。やはり、誰が見てもすぐわかるような簡単明瞭なものが望ましい。できれば、キャッチフレーズのようにインパクトのある言葉をいくつか用意しておくのがいいだろう。キャッチフレーズと、図や絵を一緒にするとなお一層効果が上がる。

例えば、携帯電話の営業だとしたら、以下のようなキャッチフレーズが思い浮かぶ。

・「このケータイを使って彼女ができた」
・「このケータイを使って商談がまとまった」
・「このケータイを使ったことによって、思いがけないお客様が来た」
・「このケータイでレジャー情報を掴んだ」
・「このケータイのお陰で一気にたくさんの友達ができた」
・「このケータイのお陰で仕事ができるようになった」
・「このケータイのお陰で、無駄な時間がなくなった」
・「このケータイで効率的な仕事ができるようになった」
・「このケータイのお陰で生きる希望が湧いてきた」
・「このケータイで情報通になって上司から高く評価された」
・「このケータイで結婚できた」

このときにお客様が「ケータイと結婚とどう関係あるの？」と思ってくれたらしめたもの。

その時初めてその話をしてあげるのだ。

「実はこのケータイには、○○という機能がありまして、このお客様はこれを使ったお陰でたくさんの友達ができまして、その中に今の奥さんがいたんですよ。だから、このケータイが取り持った縁だったんですよ」

「このケータイでかけた一本の電話が、彼女のハートを射止めたんですよ。だからこのケータイが愛のキューピットなんです！」

そんな話をしてあげると、その商品の機能とメリットがお客様の右脳に焼きつくに違いない。そのことによって、初めてあなたの持っている商品知識が生きた知識になり、お客様のハートを射止めることができるのだ。

なかでも、人を登場させて、イキイキと喜怒哀楽を表現して訴えるのがいいだろう。また、色彩豊かな感性に響くものにしたい。すると、その言葉が印象として残るからだ。さあ、あなたも楽しみながらそんな夢のある絵を描いてみよう。

◆「お客様の五感に訴える」実演・体感術

お客様に商品説明する時に、掴んだセールスポイントをお客様の五感に訴えるようにするということだ。

「百聞は一見にしかず」という言葉があるように、言葉を聞かせることによる説明より、実際に商品を見せて説明する方が説得力は増すものだ。

お客様に体感させたり、実演したりして、五感に訴えるのがいい。音色だったら実際に聞かせ、色合いなら実物を見せ、風合いなら触らせ、旨さなら味わわせ、香りなら嗅がせることだ。

お客様に試させる方法はいくつかある。気をつけなければいけないことは、強要しようとすること。例えば、お菓子のセールスマンなら、いきなり「ご賞味ください」と商品を差し出したとしても、お客様が食べたいと思わなければ、「結構です」と断られるのが関の山だ。いくらプレゼントだとしても、強要してはいただけない。そこで、そのお菓子をセールスマンが美味しそうに食べながら、その商品の美味しさ、素晴らしさをひたすら伝え続けたらどうだろう。「このお菓子、甘さが普通のものとは全然違っていて、しつこくないんです。それに、その辺で売っているものでは味わえない風味があります。それは、材料が天然のものばかり使っているからです。体に安全で、安心して食べられます。いやあ、本当に美味しい。どれだけ食べても飽きがこないんです」。このようなことを次から次へと話し続けるだけで、お客様はだんだんそれを試したくなってくるはずだ。

お客様が欲しくなってきたところで、「どうぞ」と食べやすいように差し出すのである。それもこちらから押し出すのではなく、むしろお客様から身を乗り出し手を伸ばしてもらうようにするのだ。このやり方ならば、こちらから一切勧めていないのだから断りようがない。その商品の素晴らしさを述べるだけなのだから強引さも圧迫感もないわけで、お客様にとっては抵抗がないのである。

また、その場で使ったり触ったりできないものならば、既にその商品を使っているお客様に会わせてしまうのが一番説得力がある。既に商品を使っているお客様から「これは本当にいいわよ！　うちはこのお陰で随分助かっているわよ！」と言われたら安心するに違いない。会わせるまでできなくても、直接電話をかけてもらい、納得いくまで話してもらってもいい。

それもできなければ、他のお客様がその商品を使ってニコニコ笑っている写真を見せるという手もあるほか、お客様の声をテープに入れて、それを聞かせてあげるということもできる。

STAGE III サンタさんは夢を提供する お客様が喜ぶクロージング術

STEP 1 お客様の買う気持ちになって考えてみよう

サンタさんは、子どもたちがほしいもの、ためになるものをプレゼントする。どうしてそれがわかるのだろう。それは、子どもたちの成長を見守る愛の目線と、子どもたちと共感する目線があるからだろう。

営業マンについても、こうした目線が必要だ。自分の商品が結果的にお客様に役立つものを提供しているのか、またこの商品はお客様を喜ばせるものなのか、常に考えていなければいけない。

もし、あなたが、人から「背中を掻いてくれませんか」と頼まれたとしよう。その人が痒いところを掻いてあげるにはどうしたらよいのか想像してほしい。どのあたりが痒いのか、いくら考えても、その人が本当に痒いところを的確に掻いてあげるのは難しい。「どのへんが痒いのですか」とその人に訊ねれば、すぐに痒いところを掻いてあげることができるだろう。

それでも、微妙に痒いところからずれていることが多い。なぜならば、他人の感覚は正確には掴めないからである。ところがそれに対して、自分が痒いところは正確にわかる。

つまり、売る側と買う側とでは、明らかに感覚が違うということだ。売る側はお金をいただく側、買う側はお金を払う側なので、売る側より買う側の方にリスクが大きいから、その差が生じるのである。

それだけ、買う側には「この商品を買うのか、買わないのか」という決断をしなければならない。その分だけ、エネルギーが余計に必要なのだ。

◆「自分が買うときの心境」でお客様の心理をつかむ連想術

あなたはお客様の立場になって話をしているのか、それとも自分の立場で話をしているのか？　それによって結果は、天地ほど開いてしまう。

もしあなたの所に営業マンが訪ねて来て、自分の成績を上げたいがために適当にいいことばかり並べ立てて話していたとしたら、あなたはすぐに「この人嘘っぽいな……」と見抜くに違いない。

それは、その営業マンがあなたの立場になって話をしていないからだ。

お客様の立場に立てる営業マンでなければ、お客様の信頼を得ることができない。

お客様の信頼を得ることができなければ、決して売ることはできないのだ。

では、お客様の立場になるためにはどうしたらいいだろうか？

自分が買い物をするときの心境や断ったときの心境を思い出すことだ。もし思い出せないのなら、実際に自分自身で買い物をして、その心境の変化をつぶさに観察することだ。

例えば、レストランに入ったとき、どうしてその店を選んだのか、自分でその理由を探ってみることだ。「前に来て良かったから」「店構えがきれいだったから」「なんとなく美味しそうだったから」「値段が安かったから」「良い評判を聞いていたから」「たまたま通りすがったら、いい臭いがしたから」など、いろいろと理由があるだろう。反対に入るのをやめようと思った店についても、それなりに理由があるはずだ。

別に、レストランだけではない。車を選ぶときだっていいし、どこの保険に加入するか悩んでいるときでもいい。

そして、「買う気になった理由」と「断った理由」を列挙し、検討したことをリスト化することだ。実際に悩んでいるときに、このようなことをやっているかもしれない。それを思い出してほしい。それによって、少しでもお客様の気持ちを理解することができるだろう。そうして初めて、お客様の立場でものを喋ることができるのだ。

◆二通りの将来像を見せる「言い換え」術

「お金がないから……」と言うのが、断り文句の中でも一番多いのではないだろうか。お金持ちですら、「お金がない、お金がない」と言うのが口癖のようになっている。しかし、ホームレスでもない限り、本当にお金を持っていない人などいない。少なくとも、多くの人は衣食住にお金を使っているのだ。それに、自分の生活の一部になっている趣味や飲み代には惜しんでいないはずである。自分にとってどうしても必要だと思うものには、結構お金を使っているものだ。

お客様の関心があることは、その商品を購入することによって、どのような利益を得ることができるのか、あるいはどんな喜びや楽しみを得ることができるのかである。つまり、いかなる具体的なメリットがあるのかを知りたいのである。

すなわち、お客様にとってのメリットを強く訴えない限り、その商品を買おうとしない。そこで営業マンは、これまでインプットしてきた専門知識を、お客様にとって「これこそ大きなメリットだ」と感じられるような表現で伝えていかなければならないのだ。繰り返すが、商品の機能や特徴について専門用語を並べ紹介しても意味がないことは知っての通りだ。

「お金がない」と言って断るということは、まだ、あなたの商品にそこまでの価値を感じていない証拠なのだ。だからこそ、お客様が普段お金を使っているもの以上に価値を感じてもらわねばならないのだ。

それは、お客様の求めているメリットをわかりやすく表現してあげるということである。例えばこんな実例を話してあげるのも一つだ。

「旅行に行かれる予定だったたんですけど、この研修に価値を感じていただいて、旅行を延期されたんですよ。旅行は行ってしまえばそれでおしまいですけど、こっちは永遠に自分のスキルという財産として残るものですからね。それに、心にゆとりができてから旅行に行った方が、旅行自体も何倍も楽しくなりますからね」

「少しでもお金に余裕ができたら、すぐパチンコに行ってお金を浪費してしまう方がいらしたんですけど、保険に入られたら浪費をしなくて済むようになったんですよ。それをきっかけに習慣を変えることができて、その上貯蓄もできて……。『あの時、君に勧められて良かったよ』と喜んでおられます」

このように、お客様がお金を使っているものよりも、あなたの商品を買うことのほうが何倍も価値があるのだということがわかれば、お客様は喜んであなたの商品を買ってくれるはずだ。

そこで、そのことを実践するために、二通りの未来予想図を準備してみよう。

まず、リストの左側に「従来の未来」と表題を書いて、お客様のお金の使い方だと、将来はどうなるかを予測してみたことを記入していく。

そして、その右側に「この商品を使うことによる未来」として、この商品を購入することによって、具体的にどのようなメリットを将来享受できるのか、その良くなった姿を左側と対照させて書いていくのだ。

つまり、従来のお金の使い方よりも、この商品にお金を使った方が、結局はこんなメリットがあるのだということを、お客様に一目瞭然でわかるように比較対照してあげるのだ。

よく保険の営業マンが、保険に入ることのメリットをグラフにして訴えている。それをもっとわかりやすくすると考えればよい。保険の営業マンの場合は、数字だけを比較している場合がほとんどだが、私はまだそれだけでは不親切だと思う。できれば、保険に入ることのメリットをもっと具体的に教えてあげた方がいい。

例えば、「この保険が満期になって支払われた時には、お子さんの大学進学の費用に回せるんですよ。それもこれだけあれば、好きな大学に入れてあげられるじゃないですか」とか、「今まで通りのお金の使い方だと、今は楽しいかも知れないですけど、ほらっ、ご主人が退職されてからが不安ですよね……。でも、この年金保険に入っておかれれば、しばらくは節約しないといけないですけど、退職後これだけの年金が出ますから、安心して悠々とご夫婦で海外旅行に行ったり、好きなゴルフを楽しんだりできますよね」というように具体的な未来予想図を描いてあげるのだ。

その時に、次に出てくる二通りの未来予想図をお客様に見せてあげるとより一層効果がある。

例えば、この例であれば、二通りの左側には暗く侘しい老後生活をしている絵を描き、右側には夫婦で仲良く海外旅行に行ってニコニコしている絵を描いておくのだ。

「お客様だったら、どっちの道がいいですか？」

この絵を見せてお客様に投げかけると、誰もがハッとするのではないだろうか？

対照表と二通りの未来予想図を有効に活用することによって、驚くべき成果が期待できるだろう。

[二通りの未来予想図]

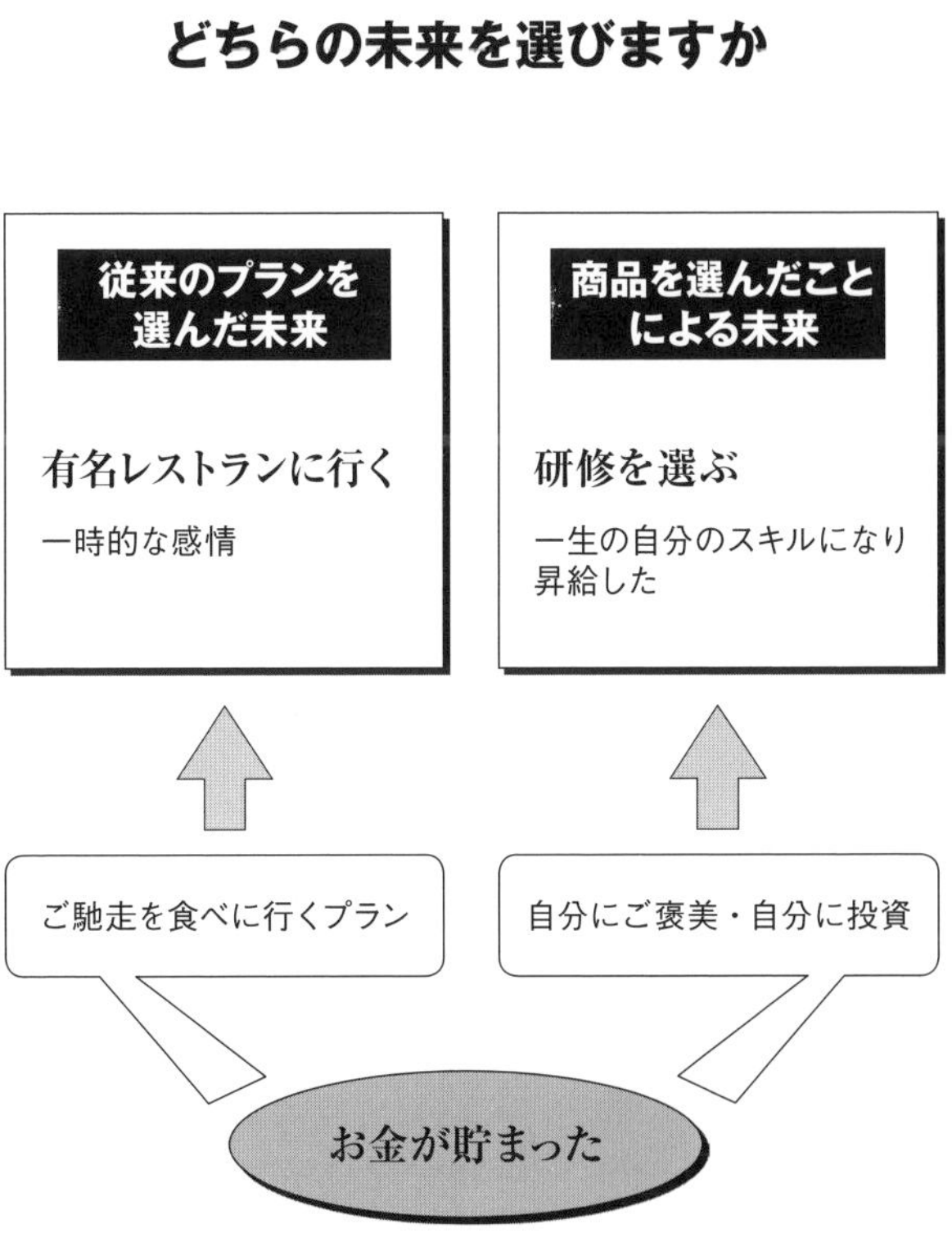
どちらの未来を選びますか
従来のプランを選んだ未来
有名レストランに行く
一時的な感情
商品を選んだことによる未来
研修を選ぶ
一生の自分のスキルになり昇給した
ご馳走を食べに行くプラン
自分にご褒美・自分に投資
お金が貯まった

また、日ごろから、言い換えの手法で頭を柔らかくしておくことが望ましい。

例えば、お客様からの断り文句も必ず列挙しておこう。

「お金がないから」「旅行に行くから今は節約しないといけないし……」「主人に相談してから」「じっくり検討してから」「次の機会にします」「もう付き合っているセールスマンがいるから」……。このようにリストアップし終わったら、今度は、右側の欄に、それぞれに対する対策案を書いていく。

例えば、生命保険の営業に行って、「うちは保険料を払う余裕もないから」と言われたとしたら、「そういう方こそ必要なんです！　もし万が一があったらそれこそ大変じゃないですか。これに入っておけば、まとまったお金がなくても、いざという時にはちゃんと保障されてご家族を守れるんですよ」という具合だ。

断り文句には、「逆にそのことがクリアできるならやりたい」というメッセージが隠れているのだ。この準備があれば、お客様に見えていない断り文句の奥に隠れた欲求をうまく引き出せるのである。

[言い換えのトレーニング]

今のままのお金の使い方の場合の将来	商品を買った場合の将来
(例) お金に余裕ができるとパチンコへいく	➡ 保険に入って浪費しなくなった ➡ 貯金ができた ➡ 気持ちに余裕ができた ➡ いざという時に慌てなかった
(例) …………………	➡
(例) …………………	➡

どのようなメリットが発生するのか、
できるだけ具体的に連想する

◆エピソードで「お客様を喜ばす」エンターテイナー術

喜びの物語を伝えるという意味では、サンタさん営業マンはちょうどエンターテイナーに似ていると思う。

どんなストーリーが、お客様の目を釘付けにできるか。

どんな演出が、お客様を感動させ涙を流させるか。

あなたもエンターテイナーのように面白いドラマを作れば、お客様に興味を持ってもらい、感動してもらうことができるはずなのだ。

ただし、営業マンが語るドラマといっても、嘘偽りのないノンフィクションドラマである。また、ドラマを語るのに、一時間も二時間もかかってはいけない。お客様が一つのストーリーを聞いてくれるのは、せいぜい十五分くらいまでは限界であるからだ。短い話にまとめるのがポイントだ。だから、〝短編ノンフィクションドラマ〟ともいえる。

特に忙しい時には手短に披露しなければならないから、一分用、三分用、五分用、十五分用と、四種類用意しておこう。さらに、お客様によって興味の対象は違うのだから、それぞれいくつかのドラマを用意しておく必要がある。そして、お客様は「こんな問題が解決したんですよ！」とか、「こんなに喜ばれています！」といった、実例をたくさん挙げれば、お客様の心は揺さぶられるはずだ。

例えば、生命保険だったら、「いっぱい保険に入っているから、『もうこれ以上はいいわよ』っておっしゃっていた人がいたんですけど、念のため見直してみたら結構無駄があって、全部整理し直したら、月々の保険料が二万円近くも浮いて『随分支払いが軽くなった』と言って喜ばれていますよ」という実例を紹介してもいい。

また、「税金対策に悩んでいた社長さんがいらっしゃったんですけど、こういう保険の掛け方を提案したら、年間で百万円以上も節税になったんですよ。『助かったよ』っておっしゃっていました」という話でもいい。

ネタは、お客様からの喜びの声やアフターフォローで拾った話である。その気になって集めれば、いくらでも話はあるはずだ。
以下のような題材がドラマとして格好のエピソードとなる。
・その商品を使ったことによって、今まで味わったことのない恩恵を授かった。
・思いもよらない展開があった。
・ハッピーな出来事があった。
・家族や周りの人たちに素晴らしい変化があった。
・これ以上ないほどの喜びを得ることができた。
・素敵な夢を見ることができた。
・人生がパラ色になった。
・どんどん発展して大成功を収めた。
・自分に自身を持つことができ、堂々と振る舞えるようになった。
そんな要領で、徐々に〝短編ノンフィクションドラマ〟の数を増やしていくのだ。
あなたも、どんどんいいネタを仕入れて、最高の演出で味付けをして、お客様が感動するドラマをたくさん作り上げていこう。それができれば、あなたも楽しみながらどんどん発展していくことだろう。

気をつけることは、初めからエンターテイナーになれるわけではないこと。まずは実際に何人かに話して試してみるのだ。そうすれば、どんな話し方をすれば、一番納得してもらえるかがわかってくる。「こうやって話せばいいんだな」という感触が掴めれば、エンターテイナーとしての一歩を歩みだしたといってもいい。

実は、お客様にその商品の価値を感じてもらうためには、ある程度の演出をする必要がある。演出が悪いとお客様はどんどん減っていってしまう。やはり洗練されたエンターテイナーは人気があってお客様もたくさん入っているものなのだ。

STEP 2 また来てほしいと思われよう

サンタさんは、子どもたちから、来年も訪問されることを待ち焦がれる存在だ。営業マンも、サンタさんと同じように、お客様にまた来てほしいと思われなければならない。あなたは、お客様からそう思われているだろうか。営業マンは常に売り上げを上げなければならないから、売り上げに結びつかないものに関わっている暇はないんだという声が聞こえそうである。

しかし、お客様は、あなたの商品を使ってみて、良かったことで、別のお客様を紹介してくれるかもしれないし、別の商品を買ってくれるかもしれない。つまり、新しいお客様を新規開拓するより、同じお客様のところを再訪したほうが効率的なのだ。それがお客様から望まれての訪問なら、なおさらである。

◆お客様の心をつかむ「アフターフォロー」術

あなたがお客様のアフターフォローをしっかりとしていなかったら……。

売り終わった後もきちんとコミュニケーションをとっていなかったら……。

売ったらおしまいで、新規客を探すことしか考えていなかったら……。

それは、貴重な財産をどんどん失っていることになる。なぜなら、実際にあなたの商品を使っているお客様のアフターフォローの中にこそ、今後の営業展開での貴重なノウハウがたくさん詰まっているからなのだ。

売ったらおしまいではなく、必ず、アフターフォローもきっちりとしなければならない。どこでどんな風に喜ばれているのかわからなければ、そうした財産をみすみす見逃すことになってしまう。だから、アフターフォローが大事なのだ。

実際に喜んでくれている声を聞くことは、お客様に話す際の大事な話題になる。そして、何よりもあなたにとっては、大きな自信にもなることだろう。

もちろん、お客様からの連絡は、必ずしも良い話ばかりではない。中には、「まだ使って間もないのに、もう故障しちゃったじゃないか！」なんて、苦情が入ることだってある。

問題はそのときの対応だ。そういうことは、たいがい売り上げにならないから、その場は適当にかわして逃げた方が一時的には得かも知れない。それももっとものようにも思える。しかし、それをやっていては、絶対にあなたは伸びなくなるのだ。なぜなら、お客様の不満を放置したまま営業していると、心のどこかで罪悪感を抱えたまま仕事をしなければならなくなるからだ。そのようなマイナスの記憶を引きずりながら、営業をやっていては、迫力が出るわけがなく、何よりも精神衛生上よくない。

そういうとき、多くの営業マンは、苦情のあるお客様を遠ざけ、苦情の記憶をかき消そうとする。あるいは、無理矢理プラス思考となって自分の商品は良いものなのだと言い聞かせようとする。しかし、それでは、単に自分をごまかしているだけで、自分の商品や会社に対しても自信を持てなくなる。それではどんどん営業力が弱まってしまう。

大切なことは、苦情や要望があった時こそ、絶対に逃げてはいけないのだ。真正面から受け止めることである。

むしろ、それがお客様と親しくなるチャンスであり、自分の力を磨く絶好の機会だと思って向かっていくくらいでないといけない。そして、誠心誠意お客様の要望に応えてあげなくてはならない。自分一人で応えられないことだったら、会社や専門家に協力してもらえばいい。

とにかくお客様が十分に満足してくれるまでは、絶対にやり遂げなければならない。もし、それでもどうにも解決できなければ、代金を全額返金するくらいの誠意を見せるべきだろう。そこまでやれば、問題はそれ以上悪化しないからだ。それくらい腹を決めていれば、本当に怖いものがなくなる。

逆に逃げてばかりいたら、お客様のちょっとした苦情でいちいちドキッとしなければならない。

最後までお客様の苦情に対応してあげ、満足してもらうところまで持っていくことによって、あなたは本当の自信を得ることができるのだ。それが何よりの財産になるのだ。その時は売り上げにつながらなくても、後でその何十倍、何百倍にもなって返ってくるのだ。

お客様から「もういいよ。そこまでやってくれなくても……。あんたには参ったよ」と言われるくらい徹底してアフターフォローをしてみよう。

あなたには、お客様の生の声を集めることもでき、それをこれからの営業活動に生かすこともできるし、お客様により一層の満足感を与えることもできて、確固たる自信が湧いてくることだろう。

◆「不可能なことを可能に変える」自分改造術

お客様に対して、ネガティブな先入観を持っていたら、そこから先にはなかなか踏み出せないものだ。

大事なことは、何と言っても自分に自信を持てるようになること。とにかく一歩一歩でもいいから、「今日はここまでできた」ということを積み重ねていくことだ。そうすれば、次第に「無理かな……」と思って諦めてしまう代わりに、「よーし、挑戦してみよう！」と前向きに考えられるようになるはずだ。

例えば、次のようなことでもいいのだ。

・契約はできなかったけれど、紹介はもらえた。
・いろいろな情報を手に入れることができた。
・信頼だけは勝ち取ることができた。
・前は門前払いだったのに、家の中まで入れてもらって話ができた。

・昨日まで言えなかったことを言えるようになった。
・訪問件数が昨日より一軒増えた。

そんな些細なことから一歩一歩積み重ねていくことだ。きっと気がついたら「不可能なんてないんだ」と思える自分になっているはずだ。「自分にだってできるじゃないか！」と、自分に自信を持たせるために、「できなかったこと一覧表」を作ることをお勧めしたい。これはとても単純だがものすごく効き目があるから試してほしい。

まずは、シートの左半分に、昨日まで「できなかったこと」をたくさんリストアップしてみよう。

次に右側には、そのことに挑戦してみて、今日はできたかできなかったかを○か×でチェックしていくのだ。

例えば、「『お客様、契約はいつになさいますか？』の一言を言うこと」が今までできなかったとしたら、それを左側の「できなかったこと」欄に記入して、今日一日営業をして、その一言が言えた場合は右側に○、いえなかった場合は×と入れる。

それをしばらく続けて、次第に○が入れられるようになってきたら、もうそのことは克服したということになる。

そして、完全に身に付いたら、その項目自体を赤マジックで消してしまうのだ。そうやって、今までできなかったことを、一つ一つなくしていくのである。「できなかったこと一覧表」にたくさん赤マジックが引かれていくのを見るたびに、あなたは、「なんだ、自分にもできるじゃないか！　やってやれないことはないじゃないか！」と徐々に自信を身に付けていくに違いない。

きっと、すべては勝手に自分で「無理だ」と決めつけていたに過ぎなかったということに気がつくことだろう。

[できなかったことリスト]

(例)

できなかったこと	達成度				
クローシングの言葉が 言えなかった					
紹介を促す一言が 言えなかった					

エピローグ

お客様が喜び、あなたが成長し、売り上げが上がる

サンタさん営業・ドロボー営業

●自分がうれしいと感じるときはお客様に喜んでもらったとき

思い出してほしい。自分にとって、本当に心の底から元気になれるのはどんなときか。それはきっと、好きな彼女に喜んでもらったり、人から感謝されたり、人の役に立てたと実感したときではないだろうか。

営業マンもそれと同じである。お客様に喜んでもらったとき以上の至福のときはない。営業マンとしてやる気を持続させたいと思うのなら、お客様が喜んでくれている姿を見て、自分も喜べるようになることである。

お客様に会うこと、お客様と話すこと、お客様に喜んでもらうことが楽しくて仕方なくなれば、もうモチベーションを上げようなどと考える必要すらなくなる。そして、営業のすべてが楽しくなり、一年中元気いっぱいでいられるようになるだろう。それが、〝喜びのモチベーション〟の効果である。

好きなお客様が多ければ、営業は天国になるし、嫌いなお客様のもとを渋々回らなければならないと、営業はまさに地獄になってしまう。

もしもあなたが、お客様をみんな好きになったら、営業はこれまで以上に楽しくなるだろう。できることなら、誰だってそうなりたいはずだ。

サンタクロースは子どもが好きだからサンタクロースなのである。

あなたもサンタさん営業マンならば、お客様のことを好きになれるようにしてほしい。

●我欲をいかに自分を向上させる欲に変換させるかが肝心

喜びのモチベーションで行う営業こそ、一生涯枯れることのない営業といえる。喜びのモチベーションを持ったあなたは、サンタさん営業マンだ。サンタクロースに出会ったときのように、みんながあなたと会った瞬間に心を開く。これで、営業が成功しないはずがない。サンタクロースは、我欲を持っていない。子どもたちから慕われたいとの下心もない。ただ単純に、喜んでもらいたいのである。

営業マンは、幸せを運ぶと同時に、商品を購入したり、契約してもらう仕事が伴っている。サンタさん営業マンは、結果として実績がついてくるものだが、実績を追う方に目を向けると、ドロボー営業マンになってしまう。

ドロボー営業マンは、自分の成績や収入といった〝欲望のモチベーション〟を抱き続けている。単に自分の営業成績を上げたい、自分の収入を増やしたいという自己中心的な姿勢で、我欲の営業をしていれば、競争や奪い合いになるのは必至だろう。競争や奪い合いの世界では、必ず壁にぶち当たり、行き詰まり、苦しむことになる。お客様の幸せを考えていないから、信用を得ることはできないし、嫌われるだろう。そして、自分さえ良ければいいというやり方をしている限り、どんなに一生懸命がんばっても、人としての成長もない。やる気など、長続きしようがないのだ。

どうせ欲を持つのなら、お客様に喜んでもらうという内容重視の欲を持てばいい。自分の成績や給料を上げるという欲ではなく、喜びに溢れ、どこまで光り輝けるかという、自分の本質的な欲に変えるのだ。

会社の都合とか、あなたの成績、給料を考えるというレベルは早く卒業してほしい。

あなたの向上のため、たくさんの人に喜ばれるための欲ならば、大いに持てばいい。欲の次元を変換させる必要がある。

●結果を出すことや数字を上げることに嫌悪感を抱いていないだろうか

自分の欲を満たすだけのドロボー営業マンは、一方的な営業を行いがちで、数字に非常に執着している。しかし、結果を出すことや数字を上げることは、サンタさん営業マンにも課せられている。そのプロセスが問われているのに、「数字、イコール我欲の営業」と錯覚している営業マンが実に多い。

その理由としては、数字のためなら、なりふり構わずやってのける我欲のドロボー営業マンがいるからだろう。しかし、決してすべてがそうした営業マンではない。そのような人は一部だけなのだ。

ドロボー営業マンは、実際に数字を上げてくる。自らの欲望のために手段を選ばないゆえに、実績に反映されてくるのである。しかし、そうして作った数字も、数字といえば数字だ。

営業マンは、結果の数字で実力を見られる。そのため、高い売上数字のドロボー営業マンは、目立ってしまう。「あんな売り方をしているのに、成績は自分より上」と思ったら、やる気は失われるし、いつの間にか数字に対する嫌悪感や罪悪感的なものも持ってしまうだろう。しかし、一方で、お客様に喜ばれることによって数字が上がり、トップになる営業マンがいくらでもいる。そんな営業マンの数字にも嫌悪感を抱くだろうか。つまり、〝数字〟にだけ囚われていると、本質を見逃してしまうのだ。

結果を出すことや数字を上げることに罪悪感を抱く必要はない。サンタさん営業マンとして、お客様に喜んでいただいた結果が、数字となって現れるからだ。すなわち、営業における真の数字というのは、いかにお客様を喜ばせたかというバロメータであるといえる。

●お客様に元気を売ってあげよう

営業という仕事は、本来、楽しくて仕方のない仕事であり、やればやるほど元気になる仕事である。ではどうしたら、いつもエネルギッシュでいられるのだろうか。

それは、お客様に元気のエネルギーをプレゼントしにいくという気持ちになることだ。「あなたに会えてよかった」「今日は楽しい気分だ」など、そう思っていただくことである。

あなた自身がお客様の立場になったとき、ニコニコと人当たりがよく、話をしていてパッとその場が明るくなるような営業マンと、顔は笑っているけれども目は澱み、話す言葉に力がない営業マンとは、どちらから商品を買いたいか。やはり、前者だろう。

不思議なことに、自分が行くたびに、「お客様は元気になっていく」と思って訪問していると、いつの間にか自分のペースになっていくものなのだ。自分のペースになったときには、お客様が元気になった顔を見て、逆にお客様から喜びのエネルギーをもらえることになる。お客様に元気を売る。そういった営業を通して、自分もだんだんエネルギッシュになっていくのだ。

●いつも気持ちを新鮮な状態においておく

元気になりたくても、元気が出てこないという人も多いことだろう。それは、自分の生きる本当の役割を捉えていないからだ。まず、自分の使命、役割、何のために生きているのかを先に掴むことが必要である。

そこで、自分の人生の目的を明確にするため、一度じっくりと考え直してみることをお勧めしたい。そのような根本的な問題に真剣に取り組むことこそ、成長につながる。そして、自分の生きる目的や使命がわかれば、たちまち無限のエネルギーが体の中から沸々と湧き上がってくることだろう。

また、マンネリも、エネルギーが出にくくなる原因でもある。しかし、自分では慣れてきたと思っているトークも、初めてのお客様には新鮮に聞こえていることを忘れてはならない。つまり、お客様の立場になれば、マンネリなど感じてはならないのだ。

そして、営業マンは、昨日よりも今日、今日よりも明日というように、自分自身を毎日成長させていくことに主眼をおくべきだろう。

そうすればエネルギーはどんどん出てくるはずだ。

●我欲がない人ほど有望

もし、自分は欲のない人間だから、営業の世界に向いていないと思ったとしたら、実はそんなあなたは普通の人よりも意識レベルが高いのかもしれない。「お金をもっとたくさん稼ぎたい」「出世したい」「あの人のようになりたい」と思うことは、すべて自分の欲から発したことに過ぎないからだ。このように欲の強い人は、「サンタさん営業」を初めは難しく感じるだろう。

これからの営業マンは、お客様に喜ばれること、お客様のお役に立つことを第一に考えて、行動できるサンタさん営業マンでなければならないのである。そこに我欲は必要ない。つまり、欲がなくてもいいのだ。そもそも、営業マンが「今月の目標は一〇〇〇万円！」といっても、それはお客様には何の関係もないことだ。まさに自分のことしか考えていない証拠で、勘違いも甚だしい限りだ。

同じ目標を立てるなら、自分の欲で立ててはならない。お客様に喜ばれる目標と、それによって自分を成長させる目標を立てた方がいいのだ。今、目の前にいるお客様のために全力で取り組むと、必ず数字は後からしっかりついてくる。予想以上の数字に自分自身でも驚くことがあるはずだ。そうすれば、喜びと感謝の輪が広がっていくであろう。

●与える人ほどトップセールスに近づける

人生において進むべき道は二本しかない。

一つはエゴの道、もう一つは喜びの道である。

エゴの道というのは、周りの人たちから自分の方に引き寄せる生き方のこと。一方の喜びの道は、自分の方から周りの人たちに与える生き方のことだ。

もちろん、本物の生き方は、後者の喜びの道である。このような人生の歩み方をしていると、思いもよらない素晴らしいことがどんどん起こってくるようになるだろう。与えていくから、喜びが波紋となってどんどん大きくなり、人の輪もだんだん広がっていく。そのため、おもしろいほど、自分をステージアップさせるためのチャンスが舞い込んでくる。結果的にみれば、エゴの人生を歩んでいる人よりも、ずっと豊かになれるのだ。

欲のない人は、何も与えられないからと悲観して生きる必要はない。むしろ、人生のステージアップという切符を手に入れたと捉えるべきである。さらに我欲を捨てて、さらなる人生のステージアップを図ればいい。それゆえに、喜びの道は、ステージアップの道とも呼ぶことができる。

自分が今、目の前にいる人のために何ができるだろうかと、ただそこに集中することが、そのヒントになるのだ。

●人から喜ばれる営業で顧客は無限になる

最後に、お客様に「役に立つ」「喜ばせる」営業マンと思っていただくために、実践すべきことを以下にまとめてみた。

・お客様に対して情熱を持つ
・お客様のいいところを見つけてあげる
・褒めてあげる
・気分良くなってもらう
・深い商品知識を持つ
・勉強になったと思ってもらう
・一日の疲れを取ってあげ、元気にしてあげる。
・夢や希望を持たせてあげる
・楽しませてあげる
・飽きさせない

・明るい話、ためになる話、面白い話をする。

こういったことを、どんどん提供していくことが大事である。

そして、「会っただけで代金を払う価値があるような営業マンになろう！」と決意することだ。一つ一つでもいい。コツコツと実行し、それを日常化し、環境も変えていけば、もうあなたは、「サンタさん営業マン」への道を歩み始めたことになる。

本当に心からお客様のためと思えて、お客様の喜びを第一に目指す営業をしていたら、どこにも壁がなくなり、やることなすこと、気持ち悪いくらいに上手くいくようになる。本当の「サンタさん営業マン」になったら、あなたが行くところは、どこでも大歓迎されるようになる。どこに行っても、お客様に困ることはない。そこからまた活路を見出していけるものである。

あとがき　誰でもトップセールスになれる

経済が成熟した日本では、さまざまな市場が飽和している。店頭に長蛇の列ができるほど売り上げを伸ばすゲームソフトやスマートフォンなど、一部の商品やサービスを除き、どの市場も頭打ち感が漂い、営業マンにとっては厳しい状況になっている。

しかし、商品やサービスを買ってくださるお客様が、いなくなったわけではない。今日も、明日も、「買いたい」「契約したい」と思っているお客様は必ずいる。そこには、誰もがトップセールスを行えるチャンスが残されてるのだ。

これからの時代は、よりお客様に受け入れられる営業姿勢が求められる。それをサンタさん営業として、本書で紹介した。お客様に喜んでいただける営業姿勢。それは、決して難しいことではない。あなた自身が、素直で誠実であり、何事も臆することなく即実践し、常に感謝の心を持ち続けることを心掛ければよいのである。

いわば、「素晴らしい人」と、他人から慕われるような人間を目指すことが重要といえる。営業マンである前に、一人の人間であることを忘れてはいけない。相手を思いやる思慮深さと親切心、そして、人を幸せにして自分も幸せになるという幸福観を持つ必要がある。

つまり、人として立派だと思われるような営業マンになれば、誰でもトップセールスマンになれるのだ。

本書は、そんな理想のサンタさん営業マンになるための秘訣を満載している。最後まで読んでいただいた読者のみなさんには、ここで改めて感謝の意を表したい。そして、誰でも楽しく営業ができることに気づいていただければ幸いだ。

人生は山あり谷ありというが、自分自身の弱さや過ちに気づいたとき、人は成長するといわれている。今からでも決して遅くはない。サンタさん営業マンにぜひなってほしい。サンタさん営業は奥が深いが、その一つ一つを極めて、真の営業マンを目指してほしい。きっと読者のみなさんなら、できると信じている。

【著者紹介】

佐藤 康行（さとう やすゆき）

1951年、北海道美唄市生まれ。サンタ営業メソッド開発者。心の学校グループ創始者。化粧品、宝飾品のトップセールス日本一、教育プログラムの販売では世界No.1の実績を持つ。

ステーキ店「ステーキのくいしんぼ」を創業し「世界初の立ち食いステーキ」を考案。８年で年商50億円（70店舗）を達成後、経営権を譲渡。「心の学校」を創立し多くのトップセールスを育成する。

主な研修指導実績はANA、明治安田生命、その他一部上場企業をはじめ高校野球優勝校、プロボクシングチャンピオン、力士など幅広く、過去30年にわたりグループ全体で52万人以上の人生を劇的に好転させてきた。国会議員など政治家からの信頼も厚く、文部科学大臣を輩出。政財界に大きな影響を与えている。

主な著書に『炎のセールス』(産経新聞出版)、『お金の不安が消える本』(KADOKAWA)、『満月の法則』（サンマーク出版）などがある。著書は350冊以上、著者シリーズ累計で250万部に及ぶ。

〈連絡先〉心の学校 アイジーエー東京本部
〒135-0033 東京都江東区深川1丁目5-5 佐藤康行 真我ビル5階
TEL：03-5962-3541（平日10時～18時） FAX：03-5962-3748（24h）
Web：https://shinga.com/ Email：info@shinga.com

サンタさん営業 ドロボー営業 [新装改訂版]

2024年 2月14日 新装改訂版第1刷発行

著　者 佐藤康行
発行者 深澤徹也
発行所 株式会社メトロポリタンプレス
〒174-0042 東京都板橋区東坂下2-4-15 TKビル1階
電話 03-5918-8461
FAX 03-5918-8463
https://www.metpress.co.jp/
印刷・製本 株式会社ティーケー出版印刷

ISBN978-4-911209-26-4 C0034